A 'Mansion for Miners'
Plas Mwynwyr, Rhosllannerchrugog

Kathryn Ellis & Peter Bolton

'Plasty i Fwynwyr'
Plas Mwynwyr, Rhosllannerchrugog

Kathryn Ellis a Peter Bolton

Text copyright © Kathryn Ellis and Peter Bolton 2016
Photograph copyright © Geraint Wyn Jones, Rhos 2016
All rights reserved.

Kathryn Ellis and Peter Bolton have asserted their right under the Copyright, Designs and Patents Act 1988 to be identified as the author of this work.

No part of this book may be reprinted or reproduced or utilised in any form or by electronic, mechanical or any other means, now known or hereafter invented, including photocopying or recording, or in any information storage or retrieval system, without the permission in writing from the Publisher and Author.

First published 2016
by Rowanvale Books Ltd
Imperial House
Trade Street Lane
Cardiff
CF10 5DT
www.rowanvalebooks.com

A CIP catalogue record for this book is available from the British Library.
ISBN: 978-1-910607-10-7

We are grateful for the donations from Rhos Community Council and the Rhos Historical Society. This project has also been generously supported by the Co-operative Membership Comunity Fund.

Hoffem gydnabod yn ddiolchgar y nawdd a dderbyniwyd gan Gyngor Bro'r Rhos a Chymdeithas Hanes y Rhos. Cefnogwyd y prosiect hwn yn hael dros ben gan Gronfa Gymunedol Aelodau'r Co-op hefyd.

Testun: hawlfraint © Kathryn Ellis a Peter Bolton 2016
Llun clawr: hawlfraint © Geraint Wyn Jones, Rhos 2016
Cedwir pob hawlfraint.

Mae Kathryn Ellis a Peter Bolton wedi datgan eu hawl dan Ddeddf Hawlfreintiau, Dyluniadau a Phatentau 1988 i gael eu cydnabod fel awduron y llyfr hwn.

Ni chaniateir ailargraffu nac atgynhyrchu unrhyw ran o'r cyhoeddiad hwn na'i drosglwyddo mewn unrhyw ddull na thrwy gyfrwng electronig, mecanyddol, nac fel arall, sy'n hysbys ar hyn o bryd neu a ddyfeisir yn y dyfodol, gan gynnwys ffotogopïo, recordio neu mewn unrhyw gyfundrefn gadw ac adferadwy, heb ganiatâd ysgrifededig y Cyhoeddwr a'r Awdur.

Cyhoeddwyd gyntaf yn 2016
gan Rowanvale Books Ltd
Imperial House
Trade Street Lane
Caerdydd
CF10 5DT
www.rowanvalebooks.com

Mae rhif llyfr rhyngwladol i'r llyfr hwn ar gael o'r Llyfrgell Brydeinig.
ISBN: 978-1-910607-10-7

To the people of Rhos.

I bobl y Rhos.

Translated by Gareth Pritchard Hughes

Cyfieithwyd gan Gareth Pritchard Hughes

Contents

Preface	1
Acknowledgements	3
Introduction	5
Chapter 1: Building the Dream	9
Chapter 2: The Stiwt in its Heyday	23
Chapter 3: Mixed Fortunes: The Stiwt in a Post-War World	65
Chapter 4: The Road to Ruin	87
Chapter 5: 'Save the Stiwt': Appeal & Regeneration	97
Epilogue	127
Appendix: List of Subscribers to Ponkey Banks Recreation Scheme	130
Select Bibliography	133

Cynnwys

Rhagair — 2

Cydnabod — 4

Rhagymadrodd — 6

Pennod 1: Adeiladu'r Freuddwyd — 10

Pennod 2: Oes Aur y Stiwt — 24

Pennod 3: Ffawd ac anffawd: Y Stiwt yn y cyfnod wedi'r Rhyfel — 66

Pennod 4: Y Ffordd i Ddistryw — 88

Pennod 5: 'Achub y Stiwt': Apêl ac Adfywiad — 98

Epilog — 128

Atodiad: Rhestr o'r tanysgrifwyr ar gyfer Cynllun Hamdden Banciau Ponkey — 130

Llyfryddiaeth Ddethol — 134

Preface

In May 2007 we agreed to consider a project which would focus on the significance of the Miners' Institute in Rhosllannerchrugog, affectionately known as the 'Stiwt'. Little did we realise the extent of the task ahead! After consulting the Rhos Miners' Institute Archive, the majority of which is housed at the Denbighshire Record Office, it became clear that there was an opportunity here for the production of an in-depth history. What began as a comfortable wallow in nostalgia soon turned into a serious academic study, the aim of which was to encapsulate the Stiwt's changing socio-cultural importance over several decades.

What you have before you is by no means a definitive history of the Stiwt; publishing constraints mean we have taken as much out as we've left in. For the same reason, footnotes are not used, although every effort has been made to acknowledge sources, where appropriate, in the text itself and in the select-bibliography.

Still, what we have tried to provide is a balanced history of this fascinating building's rise, fall and re-birth, in the context of dramatic social and economic change.

As full-time lecturers, the completion of this project has taken up most of our summer recess time since 2007. However, for those few precious weeks every year, the call of history and past personalities has been both absorbing and irresistible.

Rhagair

Fis Mai 2007, cytunasom i ystyried prosiect a fyddai'n canolbwyntio ar arwyddocâd Institiwt y Mwynwyr yn Rhosllannerchrugog, sef Plas Mwynwyr y Rhos, neu'n fwy adnabyddus - y Stiwt. Ychydig a wyddem faint fyddai'r dasg a oedd o'n blaenau! Wedi lloffa drwy Archif Plas Mwynwyr y Stiwt, y mae'r rhan fwyaf ohono ar gael yn Archifdy Sir Ddinbych, lle y cedwir y rhan fwyaf o'r dogfennau, daeth yn amlwg inni fod yma ddeunydd astudiaeth hanesyddol gynhwysfawr. Datblygodd yr hyn a ddechreuodd fel profiad o ymbleseru ar daith atgofus, esmwyth a hiraethus i fod yn astudiaeth academaidd ddwys a geisiai gwmpasu pwysigrwydd cymdeithasol a diwyllannol y Stiwt dros sawl degawd.

Mae'r hyn a gyflwynir yma ymhell o fod yn hanes cyflawn y Stiwt; golygodd cyfyngiadau cyhoeddi ein bod wedi gorfod gadael allan llawn cymaint ag y medrem ei gynnwys. Am yr un rhesymau, ni ddefnyddir troednodiadau, er bod pob ymdrech wedi'i wneud i gydnabod ffynonellau yng nghorff y testun ei hunan ac yn y llyfryddiaeth ddethol.

Fodd bynnag, yr hyn rydyn ni wedi ceisio ei gyflwyno yw hanes cytbwys am dwf, cwymp ac aileni yr adeilad hynod ddiddorol hwn a hynny yng nghyd-destun newidiadau cymdeithasol ac economaidd dramatig.

Fel darlithwyr llawn amser, hawliodd y prosiect y rhan fwyaf o'n gwyliau haf oddi ar 2007. Er hynny, dros yr wythnosau prin a gwerthfawr hynny bob blwyddyn, cawsom ein denu a'n cyfareddu'n llwyr gan leisiau a hanes cymeriadau'r gorffennol.

Acknowledgements

We are indebted to the following people for their help in the completion of this book. Gareth Pritchard Hughes, editor of *Nene*, has acted as translator and proof-reader and his help and advice, so readily given, has proved invaluable. We are also indebted to Ann Hughes who, along with Gareth, has been a permanent member of the 'History of the Stiwt' Committee. Howard Paddock and Jason Isaac deserve thanks for their initial research while Myrddin Davies, Iola Roberts, Nancy Evans, Elisabeth Gilpin and Liz Williams provided help and assistance in tracking down photographic evidence and clarifying certain points. In addition, Tudor Williams and Aled Roberts kindly offered their comments on the later sections of the book.

We would especially like to thank the staff of Denbighshire Archive Service in Ruthin for their patience and professional advice. A debt of gratitude is also owed to the staff of Flintshire Record Office in Hawarden and the Palmer Centre in Wrexham. Staff at the Stiwt have been more than welcoming and have provided access to the building, from the basement to the bell-tower. Conversations with colleagues and friends at Glyndŵr University have also helped us along the way.

Last, but not least, we would like to thank Nancy Jones for initiating the project back in 2007. We have made every effort to present a balanced picture of the people and events surrounding the Stiwt. Needless to say, any errors of fact or interpretation which remain are our own.

On a personal level, we are indebted to Joss Bartlett and Arthur Ellis for their continued guidance and support.

The 'History of the Stiwt' Committee (Back, L-R) Howard Paddock, Gareth Pritchard-Hughes, Ann Hughes (Front) Kathryn Ellis, Peter Bolton

Pwyllgor 'Hanes y Stiwt'
(Cefn - o'r chwith i'r dde) Howard Paddock, Gareth Pritchard Hughes, Ann Hughes (ar y blaen) Kathryn Ellis, Peter Bolton

Cydnabod

Rydyn ni'n ddyledus i'r bobl isod am eu help wrth gwblhau'r gyfrol hon. Bu Gareth Pritchard Hughes yn gyfieithydd a darllenwr proflenni ac roedd ei gymorth a rannodd mor hael yn anfesuradwy. Rydym hefyd yn ddyledus i Ann Hughes a fu, gyda Gareth, yn aelod parhaol o Bwyllgor 'Hanes y Stiwt'. Mae Howard Paddock a Jason Isaac yn haeddu diolch am eu hymchwil cychwynnol, a chawsom help a chefnogaeth gan Myrddin Davies, Iola Roberts, Nancy Evans, Elisabeth Gilpin a Liz Williams i ddod o hyd i dystiolaeth ffotograffig. Cynigiodd Tudor Williams ac Aled Roberts, yn ogystal, eu sylwadau ar adrannau olaf y gyfrol.

Hoffem ddiolch yn arbennig i staff Gwasanaeth Archifol Sir Ddinbych yn Rhuthun am eu hamynedd a'u cyngor proffesiynol. Mae ein dyled yn fawr hefyd i'r staff yn Archifdy Sir y Fflint yin Mhenarlâg ac yng Nghanolfan Palmer yn Wrecsam. Bu staff y Stiwt yn fwy na pharod i estyn croeso ac agor drysau'r adeilad o'r seler i'r clochdy. Bu sgyrsiau gyda chydweithwyr a ffrindiau ym Mhrifysgol Glyndŵr hefyd o fudd ar hyd y daith.

Yn olaf, and nid y lleiaf, hoffem ddiolch i Nancy Jones am roi'r hwb cychwynnol i'r prosiect yn ôl yn 2007. Rydym wedi ceisio cyflwyno darlun cytbwys o'r bobl a'r digwyddiadau a fu ynglŷn â'r Stiwt. Nid oes angen dweud mai ni sy'n gyfrifol am unrhyw gamgymeriad, boed ffaith neu ddehongliad.

Ar nodyn personol, mae ein dyled yn fawr i Joss Bartlett ac Arthur Ellis am eu harweiniad a' u cefnogaeth gyson.

Introduction

an imposing classic design, built with Ruabon red brick, and dressed with Bath and Portland stone, with two massive towers on each side, with a balcony supported on eight ionic columns in the centre, with a balustrading on the balcony and above on the eaves

The above description appeared in the *Wrexham Advertiser* on the 26 September 1926 and provides the first glimpse of the Miners' Institute, Rhosllannerchrugog, better known as the 'Stiwt'. This iconic building continues to dominate the Rhos skyline today and for many, it epitomises the cultural and communal life of the village.

Rhos emerged from the cauldron of industrialisation which transformed the physical and social landscape of Wales during the eighteenth and nineteenth centuries. Situated at the heart of the north-eastern coalfields of Denbighshire, the settlement, in the words of A.H. Dodd, 'sprouted on empty moorland' just four miles from the bustling market town of Wrexham.

By the late nineteenth century, more than twenty coal mines circled Rhos, and the extent to which the village came to rely on this 'black gold' is evident in the records of the time. Accordingly, the census of 1891 shows that almost 73% of working men in Rhos relied on the coal trade for employment, mainly in the Hafod pit.

As the coal industry flourished, so too did Rhos' population, primarily as a result of in-migration from the agricultural hinterland. By 1901, the village boasted some 9,000 inhabitants; a nine-fold increase from a century before.

Market Street, Rhos, celebrating the coronation of Edward VII in 1902

Stryt y Farchnad Rhos yn dathlu coroni Edward VII ym 1902

Rhagymadrodd

Cynllun clasurol mawreddog, wedi ei adeiladu o frics coch Rhiwabon a'i wisgo â cherrig Caerfaddon a Phortland, dau dŵr anferth ar bob tu a balconi'n cael ei gynnal gan wyth colofn Îonaidd yn y canol, a balwstrad ar y balconi ac o dan y bondo uwchben.

Ymddangosodd y disgrifiad uchod yn y *Wrexham Advertiser* ar 26 Medi 1926 ac mae'n cynnig y cipolwg cyntaf ar Blas Mwynwyr Rhosllannerchrugog, sef, ar lafar gwlad, y Stiwt. Mae'r adeilad eiconig hwn yn dal i fwrw ei gysgod dros y Rhos hyd heddiw ac i lawer mae'n ymgorfforiad o fywyd diwylliannol a chymunedol y pentref.

Cododd y Rhos o ferw'r pair diwydiannol a drawsnewidiodd dirwedd ffisegol a chymdeithasol Cymru yn ystod y ddeunawfed a'r bedwaredd ganrif ar bymtheg. Saif ynghanol meysydd glo gogledd - ddwyrain sir Ddinbych ac, yn ôl A.H.Dodd, gwelwyd y dreflan yn 'ymledu ar rostir gwag' cwta bedair milltir o dref farchnad brysur Wrecsam.

Erbyn diwedd y bedwaredd ganrif ar bymtheg, roedd dros ugain o byllau glo'n amgylchu'r Rhos ac mae'r modd y daeth y pentref i ddibynnu i'r fath raddau ar yr 'aur du' yn amlwg yng nghofnodion y cyfnod. O ganlyniad i hyn, dengys Cyfrifiad 1861 fod bron 73% o weithlu'r Rhos yn dibynnu ar y fasnach lo i'w cyflogi - y rhan fwyaf ohonynt yng nglofa'r Hafod.

Fel y ffynnodd y diwydiant glo, felly hefyd y tyfodd poblogaeth y Rhos, yn bennaf fel canlyniad i'r mewnfudo o gefn gwlad amaethyddol. Erbyn 1901, roedd 9,000 o drigolion yn byw yn y pentref - cynnydd naw gwaith yn fwy nag ydoedd ganrif ynghynt.

Yn wahanol i lawer o gymunedau Cymreig eraill, lle y gwelwyd rhai agweddau ar y diwylliant cynhenid brodorol yn cael eu glastwreiddio gan y mewnfudo, llwyddodd y Rhos, yn rhyfeddol ddigon, i gynnal

Gwaith Glo'r Hafod

Hafod Pit, c1890

Unlike many other Welsh communities, where immigration diluted certain aspects of indigenous culture, Rhos managed to maintain a remarkably strong, and somewhat idiosyncratic, identity. Much of this identity rested on a distinctive dialect – a 'Rhos Welsh' – still apparent today. Rhos was also the centre of a nonconformist tradition and the Royal Commission of 1905 lists 21 chapels in the village. These places of worship spearheaded the major religious revival in Wales of the previous year, embedding a culture which emphasised ideals of learning and improvement, and fuelled a robust morality and work ethic.

Rhos' communal identity, therefore, was forged in the coal pits of North East Wales and reinforced by the twin pillars of religion and language. Dodd may have been writing about an earlier, more dramatic time in Welsh history, but his assertion that Rhos 'remained a village in spirit, with an inner coherence and lively culture of its own' is as true today as it was in the time of revolution and reawakening of which he spoke.

This book celebrates the Miners' Institute, arguably the most important building in Rhos. The construction of this building, its near-collapse and eventual resurrection, owe everything to a community steeped in tradition, where time moves on but the past is always close behind.

ei hunaniaeth gadarn a go hynod ei hunan. Sail un agwedd o'r hunaniaeth hon yw'r dafodiaith unigryw - 'Cymraeg y Rhos' - sy'n dal yn fyw hyd heddiw. Roedd y Rhos hefyd yn ganolbwynt y traddodiad anghydffurfiol ac mae'r Comisiwn Brenhinol 1905 yn rhestru 21 o gapeli yn y pentref. Roedd y mannau addoli hyn wedi bod ar flaen y gad yn ystod y diwygiad crefyddol pwysig a ddigwyddodd yng Nghymru flwyddyn ynghynt, gan osod seiliau diwylliant a roddodd bwys mawr ar addysg, gwella byd, a hyrwyddo moesoldeb ac etheg gwaith pur rymus.

Felly, ym mhyllau glo gogledd-ddwyrain Cymru y ffurfiwyd hunaniaeth cymuned y Rhos a dwy golofn crefydd ac iaith yn cynnal y cyfan. Efallai fod Dodd yn sôn am gyfnod cynharach a mwy dramatig yn hanes Cymru pan haerodd fod y Rhos 'wedi aros yn bentref o ran ysbryd, gan feithrin a chynnal ei gysondeb mewnol a'i ddiwylliant bywiog ei hunan' ac mae hynny mor wir heddiw ag ydoedd yng nghyfnod y chwyldro a'r ailddeffroad y cyfeiriai ato.

Mae'r gyfrol hon yn dathlu'r Plas Mwynwyr, yr adeilad pwysicaf un yn y Rhos, fe ellid dadlau. Bu hanes codi'r adeilad, cais main ei gwymp ac, yn nhreigl amser, ei atgyfodiad yn gyfan gwbl ddyledus i gymdeithas a oedd wedi'i thrwytho yn *Y Pethe* a lle y mae amser yn mynd rhagddo gyda'r gorffennol bob amser yn dynn wrth ei sodlau.

Y Rhos o'r awyr tua 1940; gwelir y Stiwt yn y canol ar y dde a Theatr y Pafiliwn yn union o flaen y grîn fowlio

An Aerial view of Rhos, c.1940s with the Stiwt centre right and the Pavilion Theatre just in front of the Bowling Green.

Chapter One: Building the Dream

The Stiwt is such a recognisable part of the fabric of the village that it is easy to imagine its establishment and location were almost pre-determined. In fact, the story is not quite so straightforward.

We begin with the *Mining Industry Act* of 1920 which proved to be the catalyst for the emergence of buildings like the Stiwt. This Act was born of the Sankey Commission, whose remit had been to 'inquire into the position of, and conditions prevailing in, the coal industry'. The legislation introduced a Miners' Welfare Fund, administered by the Miners' Welfare Commission, to be used for 'the social well-being, recreation and conditions of living of workers in or about coal mines'. The initial levy was 1d per ton of coal produced, changing after 1926 to 5% of coal royalties. This was a critical development and the scale and scope of the Fund was impressive. By 1951, over £30 million had been raised nationally, helping to provide a diverse range of amenities for miners, from pithead baths and colliery canteens to university scholarships, research into mine safety and rehabilitation centres for injured miners. Rhos' own Miners' Institute would come to epitomise this vision of 'social well-being and recreation'.

Public Hall, opened 1872

Agorwyd y Neuadd Gyhoeddus ym 1872

The general desire for a suitable location for concerts and public meetings had been evident in Rhos since the mid-nineteenth century. Although there were many chapels to fulfil this function, it was difficult to find common ground. The *Wrexham Advertiser* explained in 1872 that 'the sectarians were so much against a concert meeting in their chapels unless it benefitted their own cause'. In order to overcome such divided opinion, efforts were made to open a separate venue which would encompass a market, library, public hall and Mechanical Institute. This resulted in the opening of the Old Public Hall in Hall Street, firstly as a market in 1872 and then as a concert hall from 1883. This was followed in December 1912

Pennod Un: Adeiladu'r Freuddwyd

Mae'r Stiwt yn rhan mor adnabyddus o wead y pentref fel y gellir tybio yn ddigon rhwydd fod holl hynt a helynt ei sefydlu a'i leoli wedi ei ragordeinio. Mewn gwirionedd, nid yw'r hanes mor syml â hynny.

    Dechreuwn y stori gyda *Deddf y Diwydiant Mwyngloddio* 1920 a fu'n sbardun i esgor ar adeiladau fel y Stiwt. Daeth y Ddeddf hon i fod fel canlyniad i Gomisiwn Sankey a gafodd y dasg o 'gynnal ymchwiliad i sefyllfa a chyflwr pethau yn y diwydiant glo'. Sefydlodd y ddeddfwriaeth 'Gronfa Les y Mwynwyr', a weinyddid gan Gomisiwn Lles y Mwynwyr, i'w defnyddio 'er budd cymdeithasol, adloniant ac amodau byw gweithwyr yn, neu o amgylch, y pyllau glo'. Yr ardoll wreiddiol oedd ceiniog am bob tunnell o lo a godid a newidiwyd hynny ar ôl 1925 i 5% o freindaliadau'r glo. Bu hyn yn ddatblygiad o bwys ac roedd maint a natur eang y Gronfa'n sylweddol. Erbyn 1951 roedd £30 miliwn wedi'i godi'n genedlaethol, gan helpu darparu amrediad eang o gyfleusterau i lowyr, o faddonau pen-pwll, a chantîn yn y gweithfeydd glo i ysgoloriaethau prifysgol, ymchwil i ddiogelwch yn y pyllau glo, a chanolfannau adferiad i lowyr oedd wedi eu hanafu. Maes o law, byddai Plas Mwynwyr y Rhos yn ymgorffori'r weledigaeth hon i ddarparu 'lles cymdeithasol ac adloniant'.

    Bu'r awydd cyffredinol i geisio cael lle addas ar gyfer cyngherddau a chyfarfodydd cyhoeddus yn amlwg iawn yn y Rhos oddi ar canol y bedwaredd ganrif ar bymtheg. Er bod nifer o gapeli'r ardal yn addas ar gyfer yr achlysuron hyn, roedd hi'n amlwg bod anawsterau'n codi rhyngddynt o safbwynt cytuno ar dir cyffredin. Esboniodd y *Wrexham Advertiser* ym 1872 fod 'enwadau'n gwrthwynebu gweld cyngherddau'n cael eu cynnal yn eu capeli oni bai bod eu hachos arbennig eu hunain yn elwa'. I oresgyn rhaniadau barn, gwnaed ymdrech i agor man cyfarfod annibynnol a fyddai'n cwmpasu marchnad, llyfrgell, neuadd gyhoeddus, ac Institiwt Mecaneg. Canlyniad i hyn fu agor yr hen Neuadd Gyhoeddus yn Stryt y Neuadd, yn gyntaf fel marchnad ym 1872 ac yna fel neuadd gyngerdd o 1883 ymlaen. Dilynwyd hyn, fis Rhagfyr 1912, gan y Pafiliwn, yn y Stryt Lydan gerllaw, a adeiladwyd o rannau Pafiliwn yr Eisteddfod Genedlaethol a gynhaliwyd ychydig fisoedd ynghynt yn Wrecsam. Roedd yn amlwg bellach fod cynseiliau ceisio dod o hyd i fan cyhoeddus ar gyfer y gymdeithas gyfan wedi'u sefydlu.

Y Pafiliwn a agorwyd 1912

The Pavilion, opened 1912

by the opening of the Pavilion on nearby Broad Street, constructed from sections of the Pavilion used at the Wrexham National Eisteddfod, held a few months earlier. The precedent for a communal recreation space had been established.

Within a decade of the Pavilion's construction, the burgeoning Rhos community demanded more space for their social and cultural pursuits, and so a campaign began for a new Parish Institute. An application for £3,000 from the Ministry of Health was submitted, to be matched with £3,000 from the Miners' Welfare Fund. The local paper, the *Rhos Herald,* traces the saga through numerous letters and editorials. Emotions clearly ran high, especially in February 1924 when the Ministry of Health refused the grant, seemingly on the grounds that the plan 'might have the effect of diverting building labour from the erection of houses, and from industrial and commercial work'.

The plan for a Parish Institute had floundered, but all was not lost. Boosted by the potential of the Miners' Welfare Fund, talks would now focus on the construction of a Miners' Institute, to be supported by the nearby collieries of Vauxhall, Hafod and Bersham. Overseeing the working committee was J.T. Edwards of Vauxhall. He was born in Garth, near Llangollen, but had been brought up in Ponciau. Although lacking a 'grammar school education', J.T. was described as a man 'endowed with the natural gifts of energy, enterprise, quick-wittedness and vision'. His vision would steer the Stiwt through many trials, and his name would become synonymous with its formative history. He was joined at the initial committee meetings by William Parry of Hafod, acting as Secretary, and John Owen of Wrexham, the appointed architect and surveyor.

J.T. Edwards led a fact finding mission to a number of Institutes in South Wales, the Midlands, Lancashire and Yorkshire to determine the most suitable building for Rhos. J.T. would also have been aware of the recently completed Miners' Institute in Wrexham, which opened its doors in 1923, and which the *Daily Mail* effusively described as a 'Mansion for Miners'.

Once the research was completed, the committee moved on to finding a suitable plot of land. Several potential sites had already been identified in Baptist Street, Johnson Street, Duke Street, Osborne Street and Broad Street. However, there was considerable disagreement about their relative merits and a heated debate in the local press ensued. The main issue was one of cost to the local ratepayers, and there also seems to have been something of a political dimension to the dispute. On 31 May 1924, the *Rhos Herald* urged for disagreements to be 'ruthlessly expelled' and common sense to prevail, stating:

> it would be a thousand pities if this splendid scheme for the betterment of the miners of the district... should fall through, owing to petty bickering and political and sectarian jealousies.

O fewn degawd i godi'r Pafiliwn, roedd poblogaeth gynyddol y Rhos yn mynnu cael man cyfarfod helaethach ar gyfer eu diddordebau cymdeithasol a diwylliannol ac felly dechreuwyd ymgyrch i gael Canolfan i'r Plwyf newydd. Cyflwynwyd cais am £3,000 i'r Weinyddiaeth Iechyd ac am swm cyffelyb o £3,000 i Gronfa Les y Mwynwyr ac mae'r papur lleol, *Herald y Rhos*, yn dilyn y saga mewn sawl golygyddol ac yn y golofn lythyrau. Roedd teimladau cryfion i'w gweld yn amlwg iawn ar brydiau, yn enwedig fis Chwefror 1924, pan wrthododd y Weinyddiaeth Iechyd roi grant, oherwydd y gallai'r cynllun, i bob golwg, 'beri i grefftwyr y diwydiant adeiladu gael eu cyfeirio oddi wrth y dasg o godi tai ac adeiladau yn y meysydd diwydiannol a masnachol'.

Efallai i gynllun Institiwt ar gyfer y Plwy fynd â'i ben iddo ond ni ddaeth y cyfan i ben ychwaith. Rhoddwyd hwb i'r ymgyrch gan botensial Cronfa Les y Mwynwyr a bellach roedd y trafodaethau'n canolbwyntio ar adeiladu Institiwt y Mwynwyr gyda chefnogaeth y pyllau glo lleol - Vauxhall, Hafod a Glanrafon Yn goruchwylio'r cyfan roedd J.T. Edwards o Lofa Vauxhall. Fe'i ganed yn y Garth ond cafodd ei fagu yn y Ponciau ac er na chafodd 'addysg ysgol ramadeg' fe'i disgrifiwyd fel 'gŵr yn meddu ar ddoniau egnïol cynhenid, blaengarwch, meddwl craff, a gweledigaeth'. Byddai ei weledigaeth yn llywio'r Stiwt drwy nifer o helbulon ac mae ei enw yn rhan annatod o hanes ffurfiannol y Stiwt. Ymunwyd ag ef yn y pwyllgor cyntaf gan William Parry, yr Hafod, a weithredodd fel ysgrifennydd, a John Owen, Wrecsam, y pensaer a 'r syrfëwr apwyntiedig.

Arweiniodd J.T. Edwards daith ymchwil i hel gwybodaeth, gan ymweld â sawl Institiwt yn Ne Cymru, Canoldir Lloegr, a Swyddi Caerhirfryn ac Efrog er mwyn penderfynu pa adeilad a fyddai fwyaf addas ar gyfer y Rhos. Byddai J.T, fel y'i hadwaenid yn y Rhos, hefyd yn gwybod am Institiwt y Mwynwyr a gafodd ei gwblhau ychydig ynghynt yn Wrecsam a'i agor ym 1923, canolfan a ddisgrifiwyd yn llafar-fyrlymus gan y *Daily Mail* fel 'Plasty i Fwynwyr'.

Wedi cwblhau'r ymchwil, aeth y pwyllgor ymlaen i ddod o hyd i ddarn o dir addas. Cyn hyn, roedd sawl safle posibl wedi ei nodi - yn Stryt y Bedyddwyr, Hobin Cast, Stryt y Dug, Stryt Osborne a'r Stryt Lydan. Pa un bynnag, bu anghytuno ffyrnig ynglŷn â rhagoriaethau'r safleoedd a bu dadlau tanbaid yn y wasg leol. Prif asgwrn y gynnen oedd y gost i drethdalwyr yr ardal ac mae'n ymddangos bod hefyd elfen wleidyddol wedi ymwthio i'r ddadl. Ar 31 Mai, 1924 roedd *Herald y Rhos* yn argymell bod yr anghydfod yn cael 'ei fwrw o 'r neilltu'n ddidrugaredd', er mwyn rhoi cyfle i synnwyr cyffredin deyrnasu, gan ychwanegu:

> Byddai'n drueni o'r mwyaf, pe bai'r cynllun rhagorol hwn sy'n cynnig gwell byd i lowyr yr ardal....yn methu oherwydd ymgecru plentynnaidd a chenfigen gwleidyddol ac enwadol.

J.T. Edwards, 'Pendefig y Rhos' ac Arloeswr y Stiwt

J.T. Edwards, the 'Grand old Man of Rhos' and Stiwt Pioneer

Does wybod a gafodd y rhybudd hwn unrhyw effaith ai peidio ond, yn fuan wedyn, gwelwyd cynnydd. Wedi cais aflwyddiannus i brynu tir

It is impossible to know whether this advice was heeded but progress was soon made. Following an unsuccessful attempt to buy land from Dr J.C. Davies at Plas-yn–Rhos, agreement was finally made with the owner of Hafod colliery, Mr Dyke Dennis, to purchase land in Broad Street. The Stiwt had found its home — all that remained now was the crucial issue of funding.

Happily, success arrived in August 1924, with the *Rhos Herald* reporting that the North Wales Welfare Fund had granted an initial sum of £8,000 'for the purpose of erecting a Miners' Institute'. The remaining cost would be borne by raising 2d per man per week for three years from the miners of Hafod, Bersham and Vauxhall. Trustees were duly appointed and comprised Mr H. Dyke Dennis, J.T. Edwards of Vauxhall, William Parry of Hafod, Roger Williams of Bersham, John Williams Brynhyfryd, Joseph Davies, Bryn Cerdd and David Edwards, Melbourne House. A further grant of £10,000 from the National Welfare Committee followed in January 1925. The Miners' Institute began to look like a realistic possibility.

Laying the Foundations

The next task was to search for a building firm who were respectable and, perhaps most importantly of all, competitive in their costing. The winning tender of £17,882 was awarded to the local firm, W.F.Humphreys & Co. of Acrefair. Humphreys' credentials for the work were ideal. He was a native of nearby Cefn Mawr and his firm had already been involved in the construction of similar enterprises, such as the Miners' Institute at Llay and the Odeon Theatre in Wrexham.

W. F. Humphreys

The firm was well-respected in the community and prided itself on using local labour whenever possible. Mr T. Llewelyn Davies was appointed Clerk of the Works, Horace Evans was chief foreman and Mr Joseph Parry of Broad Street acted as builders' foreman. Fittingly, given its location at the centre of a Welsh-speaking community, building work began on St David's Day 1925. Following the detailed plans of Wrexham architect, F.A. Roberts, progress would prove to be swift and, within a year, the structure was well on the way to completion.

For many people the most significant feature of the Stiwt, then as now, was the clock. In fact, this was something of an afterthought and resulted in additional cost to the original estimates. The clock, with full Westminster chimes, was supplied by Mr A.T. Francis of Wrexham at a cost of £325 and was in place

gan y Dr. J.C.Davies, Plas yn Rhos, gwnaed cytundeb gyda pherchennog Gwaith Glo'r Hafod, Mr Dyke Dennis, i brynu tir yn y Stryt Lydan. Roedd y Stiwt wedi dod o hyd i'w gartref a'r hyn a oedd ar ôl bellach oedd y dasg holl bwysig o godi arian.

Wrth lwc, daeth llwyddiant yn Awst 1924, a cheir cyhoeddiad yn *Herald y Rhos* bod Cronfa Les Gogledd Cymru wedi rhoi swm cychwynnol o £5,000 'ar gyfer codi Institiwt i'r Mwynwyr'. Byddai gweddill y costau'n cael eu talu drwy gymryd dwy geiniog yn wythnosol o gyflog pob gweithiwr yn yr Hafod, Glanrafon a Vauxhall. Apwyntiwyd ymddiriedolwyr sef Mr H.Dyke Dennis, J.T. Edwards o Vauxhall, William Parry o'r Hafod, Roger Williams o Lofa Glanrafon, John Williams, Brynhyfryd, Joseph Davies, Bryn Cerdd, a David Edwards, Melbourne House. Derbyniwyd grant pellach o £10,000 gan Bwyllgor Lles Cenedlaethol fis Ionawr 1925. Roedd Institiwt y Mwynwyr erbyn hyn yn dechrau dod yn gynllun ag iddo bosibiliadau sylweddol.

Gosod y Seiliau

Y dasg nesaf oedd dod o hyd i gwmni adeiladu o safon ac efallai, yn bwysicach fyth, un a gynigiai brisiau cystadleuol. Cynnig cwmni lleol, W.F.Humphreys & Cyf, Acrefair, o £17,882 enillodd y dydd. Roedd cymwysterau Humphreys yn ddelfrydol. Hanai o Gefn Mawr ac roedd ei gwmni wedi cael profiad o godi adeiladau tebyg, fel Institiwt y Mwynwyr, Llai a Theatr yr Odeon yn Wrecsam.

Roedd parch mawr i'r cwmni yn y gymuned ac ymfalchïai'r perchennog yn y ffaith mai crefftwyr lleol a gyflogai bob cyfle posibl. Penodwyd Mr T. Llewelyn Davies yn Glerc y Gwaith, Horace Evans yn brif fforman a Mr Joseph Parry, Stryt Lydan, yn fforman yr adeiladwyr. Yn addas ddigon, o gofio bod yr adeilad i'w godi mewn cymuned Gymraeg ei hiaith, dechreuwyd ar y gwaith ar ddydd Gŵyl Ddewi. Gan ddilyn cynlluniau manwl y pensaer o Wrecsam, F.A. Roberts, aeth pethau rhagddynt ar garlam ac, o fewn y flwyddyn, roedd yr adeilad bron yn barod.

Y tu mewn i'r clochdy
Interior of the Bell-Tower

I nifer o bobl, nodwedd fwyaf arwyddocaol y Stiwt y pryd hynny, fel heddiw, oedd y cloc. Mewn gwirionedd rhyw syniad ychwanegol ydoedd a olygodd ychwanegu at gostau'r amcangyfrifon gwreiddiol. Prynwyd y cloc a'i glychau Westminster cyflawn gan Mr A.T.Francis, Wrecsam am gost o £325 ac fe'i gosodwyd yn ei le erbyn Mehefin 1926. Awgrymodd J.T.Edwards, yn ddiweddarach, fod cyfanswm costau'r cloc a chodi'r clochdy yn nes at £800 ond roedd yn obeithiol y byddai 'siopwyr a phobl broffesiynol y Rhos' yn cyfrannu tuag at glirio'r costau.

by June 1926. J.T. Edwards suggested later that the total cost of the clock and the erection of the turret was closer to £800, but he was hopeful that the 'tradesmen and professional people of Rhos' would help towards defraying this cost.

Detail from F.A. Roberts' drawings, showing the Stiwt without the clock tower

Manylion o gynlluniau F.A.Roberts yn dangos y Stiwt heb ei glochdy

So what would this new building be called? At a meeting on 14 April 1926, the architect, John Owen, was informed by the Management Committee that the official title would be 'Plas Mwynwyr y Rhos'. By the summer this was displayed in bronze letters on the frieze below the balcony on the outside of the building at a cost of £7.12s, payable to the Westminster Guild. The letters 'P M R' were installed as a monogram at a cost of 15s 6d, and still appear in the entrance hall today.

The monogram displaying the letters PMR and still visible in the Stiwt's reception area

Y monogram yn dangos y llythrennau PMR sydd i'w weld hyd heddiw ar lawr cyntedd y Stiwt.

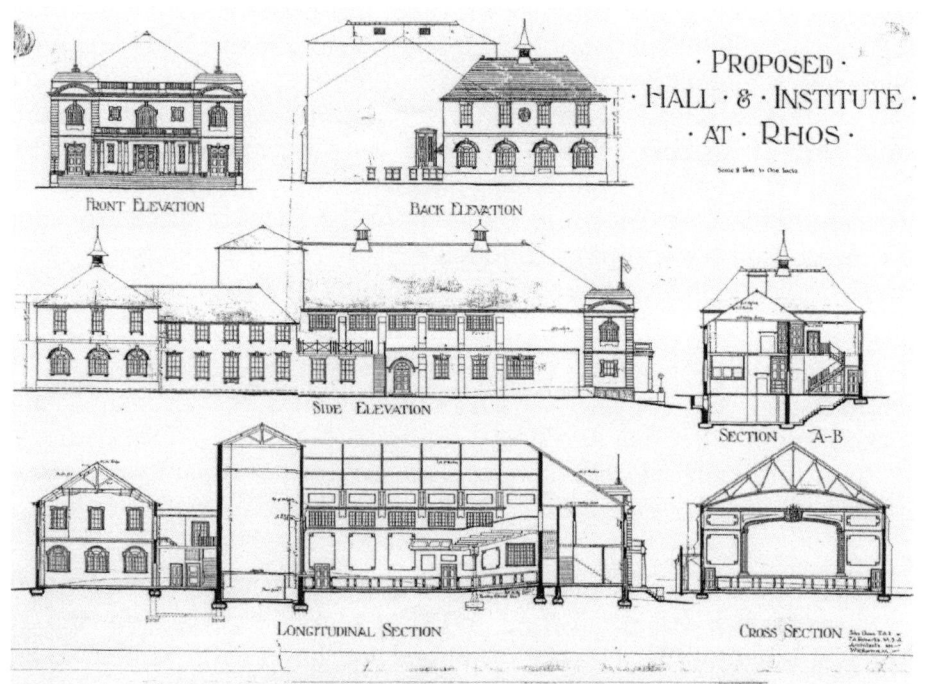

Ffig.1 **Original Sections - Without Clocktower (1924)**

Ffig.2 **Original Sections - With Clocktower (1924)**

Cynlluniau ar gyfer yr Institiwt a gynigiwyd gan John Owen ac F.A.Roberts, y penseiri o Wrecsam. Mae'r ddau'n dangos yr un cynllun ac eithrio'r ychwanegiad ar gyfer y clochdy eiconig Ffig. 2

Proposed plans for the Institute drawn up by Wrexham architects John Owen and F.A. Roberts. Both show the same design except for the addition of the iconic clock tower in Fig. 2

During the spring and summer of 1926, the Management Committee were focussed on matters of decor, colour and interior design. The Minute Books are filled with the minutiae of furnishings and fitments, giving us a vivid picture of this impressive interior. Astons of Wrexham provided all kinds of items, from solid birch chairs covered with rexine at 7s a seat and whist tables at 4s each, to chess sets, draught boards and playing cards. Nothing was overlooked by the committee: from choosing linoleum for the floors to discussions regarding the purchase of a lightning conductor for £47. The purchase of more costly items was enough to encourage the formation of a sub-committee.

The deliberations of this sub-committee, and the advice of Mr Tom Morris, led to the purchase of a semi-grand piano by Kaps of Dresden. This was to be placed in the Main Hall and cost £75. In addition, an upright piano, supplied by Crane and Sons of Wrexham, was bought for the Assembly Room at a cost of almost £45.

Colour schemes were also discussed and in June it was agreed that the walls in the Main Hall would be white and French grey, embellished with gold leaf. The Hall was to be lit with electric lamps and fitted with semi-opaque globes. The stage lighting, which needed to be more dramatic, was to comprise 150 footlights of various colours.

```
Statement showing cost of Furniture ordered for Institute.
-------------------------------------------------------------

Messrs W.F.Humphreys Ltd,:- Gallery Seating------------£362 : 0: 0
                           Forms-------------------------£ 29 : 5: 0
Messrs C.W.S.Ltd           Chairs,Games Tables,Whist
                           Tables,& Crockery------------£287 : 8: 8
Messrs Orme & Son :-       Billiard Tables--------------£320 : 0: 0

Messrs Aston's Ltd:-       Tip-up Chairs----------------£130 :10: 0
The Aston Manufacturing Co. Billiard Room Seating,
                           Tables,Reading Desks,and
                           Cupboards--------------------£190 : 0: 0
Messrs Williams & Tilling:- Arm Chairs-------------------£ 40 :16: 0
Wrexham Mineworkers Institute:- Chairs-----------------£ 32.:10: 0
Messrs R.B.Clarke:-        Scenery----------------------£195 : 0: 0
```

Statement displaying some of the costs for the Stiwt's original furnishings

Cyfrifon yn dangos rhai o'r costau ar gyfer addurniadau a dodrefn gwreiddiol y Stiwt

Felly, beth fyddai enw'r adeilad newydd? Mewn cyfarfod ar 14 Ebrill, 1926, dywedodd y Pwyllgor Rheoli wrth y pensaer, John Owen, mai'r enw swyddogol fyddai 'Plas Mwynwyr y Rhos'. Erbyn yr haf, roedd hyn yn cael ei arddangos ar flaen yr adeilad ar y ffris o dan y balconi mewn llythrennau efydd breision; y gost oedd £7.12s yn daladwy i Urdd Westminster. Mae'r llythrennau PMR (Plas Mwynwyr y Rhos) hefyd yn ymddangos ar ffurf monogram ar lawr y cyntedd ac fe gostiodd 15s 6c.

Yn ystod gwanwyn a haf 1926, roedd y Pwyllgor Rheoli yn canolbwyntio ar ddodrefnu, dewis lliwiau ac addurno'r ystafelloedd. Mae'r Llyfr Cofnodion yn llawn manylion am ddodrefn ac addurniadau sy'n rhoi darlun llachar inni o'r ystafelloedd ysblennydd. Astons Wrecsam fu'n gyfrifol am ddarparu pob math o eitemau, o gadeiriau bedw solet wedi'u gorchuddio â *rexine* am gost o 7 swllt y sedd a byrddau chwist am 4 swllt yr un, setiau gwyddbwyll, byrddau draffts, a chardiau chwarae. Ni chafodd dim oll ei esguluso gan y pwyllgor: o ddewis linoliwm ar gyfer y lloriau i drafod prynu gwifren ddargludo mellt am £47. Roedd prynu eitemau mwy drudfawr yn cyfiawnhau ffurfio is-bwyllgor. Arweiniodd y trafodaethau, wedi ymgynghori â Mr Tom Morris, at brynu lled-biano cyngerdd gan Kaps o Dresden. Ar ben hyn, prynwyd piano unionsyth gan Crane a'i Feibion, Wrecsam ar gyfer y Neuadd Gynnull am gost o bron £45.

Trafodwyd cynlluniau lliwio ac, ym mis Mehefin, penderfynwyd mai lliwiau waliau'r brif neuadd fyddai gwyn a llwyd Ffrengig gyda haenau aur drwyddo. Byddai'r neuadd yn cael ei goleuo gan lampau trydan dan orchudd goleuadau gwydr ar ffurf glôb lled-dywyll. Byddai'n rhaid i oleuadau'r llwyfan fod yn fwy dramatig ac felly archebwyd 150 o oleuadau godre o liwiau amrywiol.

Yr Agoriad Mawreddog

O'r diwedd daeth y paratoadau i ben. Daeth yn amser cynnal y seremoni agor ffurfiol a digwyddodd hyn ar ddydd Sadwrn, 25 Fedi, 1926. Gan daro tant yr ormodiaeth sy'n arferol ar achlysuron fel hyn, disgrifiodd J.T.Edwards yr agoriad swyddogol fel 'un o'r digwyddiadau mwyaf yn hanes y Rhos a'r Cylch'. Mae adroddiadau manwl yn y *Wrexham Advertiser* yn ein galluogi i ail-fyw digwyddiadau'r dydd a ddechreuodd am 2 o'r gloch y pnawn gyda datganiad gan Fand Arian y Rhos o *Gwm Rhondda,* Ymunodd y dorf i ganu'r geiriau yn Gymraeg a Saesneg yn frwdfrydig iawn. Dilynwyd yr eitem agoriadol gyffrous hon gan nifer o anerchiadau gan y dynion a fu ynglŷn â'r fenter: J.T.Edwards, John Owen, ac F.A.Roberts, W.F.Humphreys a chynrychiolwyr y diwydiant glo, sef H.E.Allen, Hugh Hughes a J.W.Williams.

Yn dilyn yr anerchiadau agoriadol, cyflwynodd Edna Humphreys allwedd aur i Mrs Henry Dyke Dennis, Plas Newydd, Rhiwabon a chyhoeddodd hithau'n ffurfiol fod yr adeilad ar agor. Mae'n hawdd dychmygu'r gymeradwyaeth orfoleddus a ddilynodd y cyhoeddiad hwn.

Parhaodd y dathlu gydol y dydd. Trefnwyd cinio i 89 o wahoddedigion yn yr Ystafell Gynnull gan y Pwyllgor Rheoli am 3.00 o'r gloch y pnawn. Ni chafodd unrhyw fanylyn ei esguluso a chafodd y bobl wrth y byrddau eu diddanu gan areithiau ac eitemau cerddorol gan Miss Gwen Davies (Telynores Maelor) a datganiadau gan unawdwyr eraill fel Miss Susie Jones, Madam Sarah Charles, Mr J. Watcyn Hughes a Mr Brinley Edwards.

The Grand Opening

So finally the preparations were complete. The time had come for the formal opening ceremony, which took place on Saturday 25 September 1926. J. T. Edwards, with typical hyperbole, described it as 'one of the greatest events in the history of Rhos and district'. Detailed reporting in the *Wrexham Advertiser* allows us to reconstruct the day's proceedings, which began at 2pm with the Rhos Silver Band playing a rendition of *Cwm Rhondda*. This was accompanied by enthusiastic singing from the crowd in both English and Welsh. This rousing start was followed by a number of addresses from the men who had been so involved in the enterprise: J.T. Edwards, John Owen and F.A. Roberts, W.F. Humphreys and representatives from the coal industry, namely H. E. Allen, Hugh Hughes and J. W. Williams.

Following the initial addresses, Mrs Henry Dyke Dennis of New Hall Ruabon was presented with a golden key by Edna Humphreys, and she formally declared the building open. It is easy to imagine the rapturous applause which followed.

The celebrations continued throughout the day. Luncheon was provided for 89 guests of the Management Committee in the Assembly Room at 3pm. No detail had been overlooked as the diners continued to be entertained by speeches and musical interludes by Miss Gwen Davies (Telynores Maelor), and recitals by others such as Miss Susie Jones, Madam Sarah Charles, Mr J Watcyn Hughes and Mr Brinley Edwards.

But this was not just a day for dignitaries and people of influence. The Management Committee were keen to ensure that the celebrations would place the miners at the centre of events. Therefore, in the evening there was a 'first class concert' with performances at 6pm and 8.15pm, to which miners and their wives were invited free of charge. It was estimated that audiences totalled 2,800 and they were treated to a range of entertainments, from recitations and character sketches to penillion singing and harp recitals. The evening ended in grand style, with the singing of the Welsh National Anthem to the accompaniment of Mr Tom Morris of Ponciau.

After many months of negotiation and preparation the Stiwt was officially open. The eulogies and congratulatory speeches of the opening ceremony may have been somewhat extravagant (there was even talk of the Institute being the finest in Great Britain!) but this should not detract from the fundamental purpose of the building. It was to be a place which, in J.T's words, 'belonged entirely to the men who had paid towards [its] erection'. This would be a place of unity, where people from Rhos could meet regardless of 'position, creed, party or faith' (Reverend Wynn Davies). The promise of Rhos' own 'Mansion for Miners' must have pervaded the air. It was now the task of the Management Committee to make this promise a reality.

Rhaglen y 'Seremoni Agor Fawreddog' ar y 25ain o Fedi 1926

Programme for the 'Grand Opening Ceremony', 25 September 1926

Ond nid diwrnod i bwysigion a phobl o ddylanwad yn unig oedd hwn Roedd y Pwyllgor Rheoli'n awyddus i sicrhau mai'r glowyr fyddai canolbwynt y dathliadau. Felly, yn y nos, cynhaliwyd 'cyngerdd o safon' gyda pherfformiadau am 6.00 o'r gloch y.h. a 8.15 y.h., pryd yr estynnwyd gwahoddiad yn rhad ac am ddim i'r glowyr a'u gwragedd. Amcangyfrifwyd mai cyfanswm y cynulleidfaoedd oedd 2,800 a chyflwynwyd adloniant amrywiol o adroddiadau a phortreadau i gerdd dant a datganiad ar y delyn. Daeth y noson i ben mewn steil trwy ganu *Hen Wlad Fy Nhadau* i gyfeiliant Tom Morris, y Ponciau wrth y piano.

Wedi misoedd o drafodaethau a pharatoadau roedd y Stiwt bellach ar agor. Fe allai fod ar y mwyaf o or-ddweud yn yr areithiau llongyfarch yn y seremoni agor (bu hyd yn oed sôn am yr Institiwt fel yr adeilad gwychaf yng ngwledydd Prydain!) ond ni ddylai hyn amharu dim oll ar amcanion sylfaenol yr adeilad. Roedd yn lle a oedd, yng ngeiriau J.T.Edwards, 'yn perthyn yn gyfan gwbl i'r dynion a oedd wedi talu amdano'. Byddai'n ganolfan i uno cymdeithas, lle y gallai pobl y Rhos gyfarfod 'waeth beth fo eu 'safle mewn cymdeithas, eu credo, eu plaid neu eu ffydd' (Parchedig Wynn Davies) Mae'n rhaid bod yr addewid y byddai gan y Rhos ei 'Blasty ar gyfer y Mwynwyr' yn freuddwyd hollbresennol yn y pentref. Tasg y Pwyllgor Rheoli o hyn ymlaen fyddai troi'r addewid yn ffaith.

The Institute's first Management Committee pictured in 1926 along with other notables. Occupying the centre front position is H. Dyke Dennis, whose mining interests included Hafod Colliery. He would also provide land for the construction of Ponciau Banks

Llun o Bwyllgor Rheoli cyntaf y Stiwt, ynghyd â phwysigion eraill, a dynnwyd ym 1926. Yn y canol, gwelir H.Dyke Dennis, yr oedd Glofa'r Hafod yn un o'i fentrau yn y diwydiant glo. Ef hefyd fyddai'n gwerthu'r tir ar gyfer llunio Parc y Ponciau.

Chapter Two: The Stiwt in its Heyday

'The Palace' Cinema

> You were our one and ninepenny pleasure palaces
> in the villages of the Valley
> offering your celluloid narcotics every night
> in your velvet dusk...
>
> You were the Wednesday night theatres of our winters in the Valley
> when we forget the America of our dreams
> after your stages had turned into Welsh kitchens,
> and when the talented old companies of Dan Matthews
> made puppets of our emotions,
> compelling them to dance to the strings of their skill.
> You were the warm courts
> of our harmless eisteddfodau and old fashioned concerts
> giving your patronage
> to the rural culture which
> lasted in spite of iron and coal
> in the villages of the Valley.
>
> Baroque boxes, halls of red brick and grey plaster,
> posters of blue and yellow shouting welcome,
> your colours continue to warm
> the canvas of memory.
>
> *Halls* by Bryan Martin Davies, in *A Carmathenshire Anthology*

Pennod Dau: Oes Aur y Stiwt

Sinema'r *Palace*

    Chwi oedd plastai ein pleser swllt a naw
    ym mhentrefi'r Cwm,
    yn cynnig eich cyffuriau seliwloid bob nos
    yn eich gwyll melfedaidd,
    ac yn ein cymryd ar dripiau teirawr
    ymhell o afael y Mynydd Du.
    Ynoch, suddasom,
    gan ddiffodd lampau ein pryderon
    yn brydlon am saith,
    a gadael i nodwydd arian y sgrîn
    chwistrellu'r anghofrwydd twym
    i wythiennau'r ymennydd.

    Chwi oedd theatrau nos Fercher ein gaeafau
    yn y Cwm,
    pan angofiasom America ein breuddwydion
    wedi i'ch llwyfannau droi yn geginau Cymreig,
    a phan wnaeth hen gwmnïau crefftus Dan Mathews
    bwpedau o'n hemosiynau,
    a'u gorfodi i ddawnsio i linynnau eu dawn.
    Chwi oedd llysoedd cynnes
    ein heisteddfodau diniwed a'n cyngherddau hen-ffasiwn,
    gan roi eich nawdd
    i'r diwylliant gwledig a barhaodd
    ar waethaf ha'rn a glo,
    ym mhentrefi'r Cwm.

    Blychau baróc,
    neuaddau o friciau coch a phlastr llwydwyn,
    posteri o las a melyn yn gweiddi gwahoddiad,
    mae eich lliwiau yn dal i gynhesu
    cynfas y cof

    Neuaddau gan Bryan Martin Davies, *Cerddi Bryan Martin Davies: Y Casgliad Cyflawn.*

The 1920s and 1930s were times of economic depression and, in Wales, industrial areas were hit the hardest. The local Anglican curate, W.R. Corfield, described how his parishioners lived in 'disease-breeding, death-spreading, insanitary conditions', labelling Rhos 'the Village of Death'. During this straitened period, it is hardly surprising that the Stiwt's mission to educate and improve was often overtaken by an additional need to alleviate the misery through entertainment. The best example of this was the cinema.

Men scrabbling for coal on the banks of the Hafod Pit – a common sight across Wales during the Depression era

Dynion yn crafu am lo ar Bonc yr Hafod - golygfa pur gyfarwydd ledled Cymru yn ystod cyfnod y Dirwasgiad

Although silent movies had been around for a number of years, it was only in this era of depression that 'talking' cinema really took off in Britain. By the mid-1930s, the urban, industrialised areas of Wales contained the highest proportion of cinemas per head. Many of these were located in the Miners' Institutes, and this cheap, regular dose of escapism not only brought these places some much needed income, it also opened them up to women and children. Through its ability to communicate, educate and inform, the cinema constituted a true social phenomenon in a period characterised by industrial gloom.

The Stiwt already had its own silent theatre, the 'de Luxe', although the Management Committee were keen to carry out conversion to a fully equipped 'talkies' cinema. In most other areas of the Institute's operation, the committee went about their business in a sober manner. However, a frisson of excitement can be detected in the Minute Books whenever the subject of the 'talkies installation' was on the agenda; testament, perhaps, to the dawning of a new age of entertainment and the reflected glamour of Hollywood.

Initial discussions over the project allowed the committee to escape the meeting room for research-based excursions to the resort towns of Rhyl, Prestatyn, Colwyn Bay and Llandudno – all in the summer of 1930 – where talkies were common. These 'all expenses paid' trips to the seaside in high season may suggest more pleasure than business. However, they also demonstrate the thoroughness with which the committee approached the issue of sound installation, given the costs required for the equipping and running of a fully functioning sound cinema.

Roedd y 1920au a'r 30au yn gyfnodau o ddirwasgiad economaidd cyffredinol ac, yng Nghymru, yr ardaloedd diwydiannol a ddioddefodd waethaf. Mae'r ciwrad Anglicanaidd lleol, W.R.Corfield. yn disgrifio fel roedd ei blwyfolion yn byw 'mewn amgylchiadau heintus, marwol, afiach', gan fynd rhagddo i alw'r Rhos yn 'Bentref Marwolaeth'. Yn ystod y cyfnodau adfydus hyn, nid yw'n syndod fod cenhadaeth y Stiwt i addysgu a gwella hefyd yn mynd i'r afael â'r angen ychwanegol i geisio lliniaru rhywfaint ar y trueni drwy gynnig adloniant. Yr enghraifft orau o hyn oedd y Sinema.

Er bod y ffilmiau mud wedi bodoli ers nifer o flynyddoedd, dim ond yng nghyfnod y dirwasgiad y daeth y ffilmiau llafar yn boblogaidd yng ngwledydd Prydain. Erbyn canol y 1930au, yn ardaloedd trefol a diwydiannol Cymru y ceid cyfartaledd uchaf y pen o sinemâu. Roedd llawer o'r rhain wedi eu lleoli mewn Institiwt Mwynwyr ac roedd y dogn hwn o ddihangfa rad a rheolaidd nid yn unig yn dod ag incwm i mewn i'r mannau hyn ond roedden nhw hefyd yn agor eu drysau i wragedd a phlant. Yn rhinwedd ei gallu i gyfathrebu, addysgu a rhannu gwybodaeth, roedd y sinema'n ffenomen gymdeithasol o bwys mewn cyfnod a nodweddid gan anobaith diwydiannol.

Trwydded ar gyfer dangos 'ffilmiau fflamadwy'

Licence for showing 'inflammable films'

Satisfied by their investigations, the committee commissioned *Western Electric* to install their famous sound projection system in the Stiwt. The scale of the operation is hinted at by the fact that the capacity of the Main Hall, where the de Luxe Cinema (soon to change its name to 'The Palace') was sited, was reduced from 1,200 to 1,000 to accommodate this new equipment. Work was finally completed on 8 September 1930 at a not-inconsiderable cost of £1,730 plus sundry monthly rental payments. A few weeks later, the *Wrexham Advertiser* announced that this new 'Talkie House' was open and patrons were guaranteed 'first class entertainment under ideal conditions'.

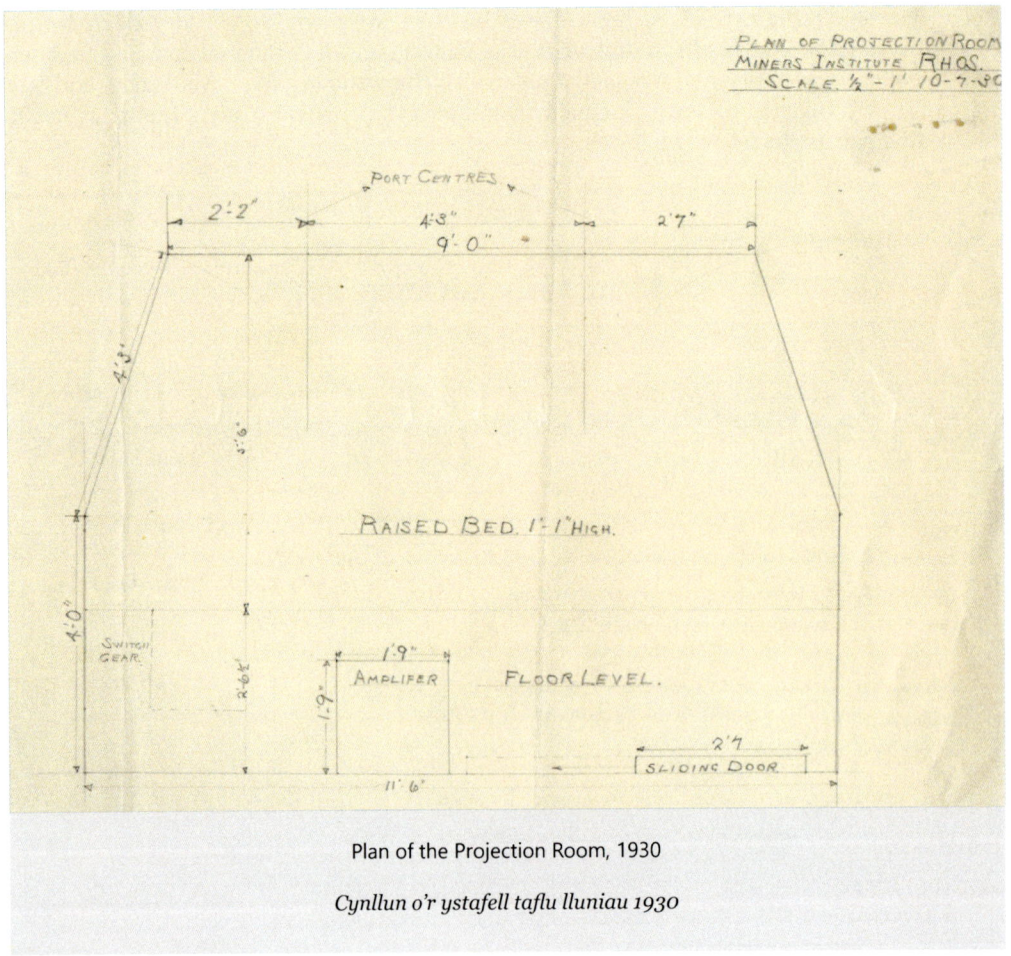

Plan of the Projection Room, 1930

Cynllun o'r ystafell taflu lluniau 1930

The Stiwt's 'Film Booking Register' reveals that Rhos' love affair with the big screen carried on in the darkened embrace of the Main Hall from Monday to Saturday (as with most other Welsh cinemas, the Palace was a strict observer of the Sabbath). Films to be screened were advertised well in advance to encourage attendance. Local newspapers, like the *Rhos Herald*, were full of these interesting billboards. Accordingly, previews of films, like 1932's *Shipmates* and *Billy the Kid*, promised viewers they would be 'thrilled beyond anticipation' and inspired by displays of 'indomitable courage'.

Roedd gan y Stiwt ei theatr ffilmiau mud ei hunan eisoes, y *'de Luxe'*, eto i gyd, roedd y Pwyllgor Rheoli'n awyddus i fwrw ymlaen â'r gwaith o addasu'r neuadd yn sinema i ddangos ffilmiau llafar. Ymhob maes arall o weithgareddau'r Stiwt byddai'r pwyllgor yn trafod y gwaith yn bwyllog. Fodd bynnag, gellir synhwyro iasau cynnwrf wrth ddarllen y Llyfr Cofnodion pryd bynnag y byddai pwnc 'darparu offer ffilmiau mud' ar yr agenda, tystiolaeth, efallai, bod oes newydd ym myd adloniant ar wawrio, a fyddai'n adlewyrchu hud a swyn Hollywood.

Roedd trafodaethau cyntaf y prosiect wedi cynnig cyfle i aelodau'r pwyllgor ddianc draw o bedair wal cyfyng eu man cyfarfod er mwyn mynd ar deithiau ymchwil i drefi glan môr y Rhyl, Prestatyn, Bae Colwyn, a Llandudno - hyn i gyd yn ystod haf 1930 - lle roedd sinemâu ffilmiau llafar yn beth cyffredin. Mae'r teithiau hyn i lan y môr ar anterth y tymor a'r 'holl gostau wedi eu talu' yn lled awgrymu bod mwy o awydd cael amser braf nag o drafod busnes ynghlwm wrth y trefniadau. Eto i gyd, maen nhw hefyd yn dangos pa mor drylwyr oedd y pwyllgor yn gweithredu wrth drafod mater gosod offer sain, pan ystyrir maint y gost o brynu'r offer angenrheidiol i redeg sinema ffilmiau llafar cyflawn

Yn fodlon â'r gwaith ymchwil, comisiynodd y pwyllgor *Western Electric* i osod eu system taflu lluniau sain enwog yn y Stiwt. Daw maint y gwaith yn amlwg pan welir bod nifer y gynulleidfa yr oedd y brif neuadd yn ei dal, sef lle roedd y *de Luxe Cinema* i'w lleoli (yn fuan iawn newidiwyd yr enw i *'The Palace'*) yn gorfod gostwng o 1,200 i 1,000 er mwyn gwneud lle i'r offer newydd. Cwblhawyd y gwaith ar 8 Medi, 1930 am gost nid ansylweddol o £1,730 ac, ar ben hynny, roedd rhaid hefyd gwrdd â mân daliadau rhent misol. Ychydig wythnosau'n ddiweddarach cyhoeddodd y *Wrexham Advertiser* fod y *'Talkie House'* newydd ar agor ac y byddai'r mynychwyr yn saff o gael 'adloniant rhagorol mewn amgylchiadau delfrydol'.

Mae *'Cofrestr Archebu ffilmiau y* Stiwt' yn dangos carwriaeth y Rhos â'r sgrin fawr a'r cadw oed a fu ym mreichiau nwydus tywyllwch y brif neuadd o ddydd Llun hyd ddydd Sadwrn (fel y rhan fwyaf o Sinemâu Cymru, nid wiw i'r *Palace* beidio â chadw'r Saboth) Roedd y ffilmiau a oedd i'w dangos yn cael eu hysbysebu ymhell ymlaen llaw er mwyn denu a hybu'r gynulleidfa. Mae papurau newydd lleol, fel *Herald y Rhos,* yn llawn o'r posteri diddorol hyn. Felly, mae rhagolygon ffilmiau fel *Shipmates* a *Billy the Kid* (1932) yn addo i'r gwylwyr y bydden nhw'n cael eu 'cyffroi y tu hwnt i'r disgwyl' ac y bydden nhw'n cael eu hysbrydoli gan olygfeydd o 'ddewrder di-ildio'.

Dyma enghraifft arall, o wythnos yr 28ain o Awst 1944, sy'n dangos natur amrywiol y ffilmiau a oedd ar gael. Yn ystod yr wythnos gallai'r gynulleidfa anghofio am y terfysg yn Ewrop drwy wylio *When we are married* ('comedi ddoniol am dri chwpwl priod') gyda Sydney Howard yn serennu, a oedd yn cael ei dangos ar ddydd Llun a dydd Mawrth yr wythnos honno. Neu, yn hytrach, fe allen nhw aros tan ddydd Mercher i wylio *Lucky Legs* ('ffilm gerdd fawreddog') gyda'r actores hudolus Jinx Falenburg. Roedd dyddiau Iau, Gwener a Sadwrn yn cael eu neilltuo ar gyfer ffilmiau mwy sylweddol, gan gynnig dewis rhwng y ffilm bropaganda Eingl-Americanaidd *Tunisian Victory* neu'r ffilm Brydeinig *Shipbuilders* gan y cyfarwyddwr cynhyrchiol, John Baxter.

Roedd y ffilm olaf hon yn un a elwid yn *'quota quickie'*, hynny yw, ffilm Brydeinig a gynhyrchid yn rhad er mwyn bodloni gofynion *Deddf Cwota* 1927. Ceisiai'r ddeddf hon hyrwyddo twf y diwydiant ffilmiau Prydeinig trwy osod cwota ar nifer y ffilmiau o Hollywood y gellid eu dangos yn sinemâu gwledydd Prydain. Ar waethaf hyn, yn Sinemâu glowyr Cymru, *blockbusters* Hollywood oedd y dewis mwyaf poblogaidd o ddigon, ffaith a oedd yn destun gresyndod i'r rhai a ystyriai fod y ffilmiau hyn yn niweidio diwylliant a hunaniaeth Cymru a cheir un sylwebydd hyd yn oed yn disgrifio'r ardaloedd diwydiannol fel 'Y Gymru Americanaidd'.

Another example, from the week of 28 August 1944, illustrates the range of films available. In this week, patrons could be distracted from the turmoil in Europe by watching *When We Are Married* ('an amusing comedy of three married couples') starring Sydney Howard, which ran on Monday and Tuesday of that week. Alternatively, they might decide to wait until Wednesday to see *Lucky Legs* ('a grand musical film') with the glamorous Jinx Falenburg. Thursday, Friday and Saturday were given over to more serious fare, with a choice between the Anglo-American propaganda film *Tunisian Victory*, or the British made *Shipbuilders*, by the prolific director, John Baxter.

This last film was a so-called 'quota quickie', a low budget British film produced to satisfy the *Quota Act* of 1927. This Act sought to encourage the growth of the British film industry by imposing a quota on the number of Hollywood films allowed to be shown in British cinemas. Despite this, in the Miners' cinemas of Wales, Hollywood blockbusters remained by far the most popular option, a preference lamented by those who saw these films as injurious to Welsh culture and identity, with one commentator even designating the industrial areas of the country an 'American Wales'.

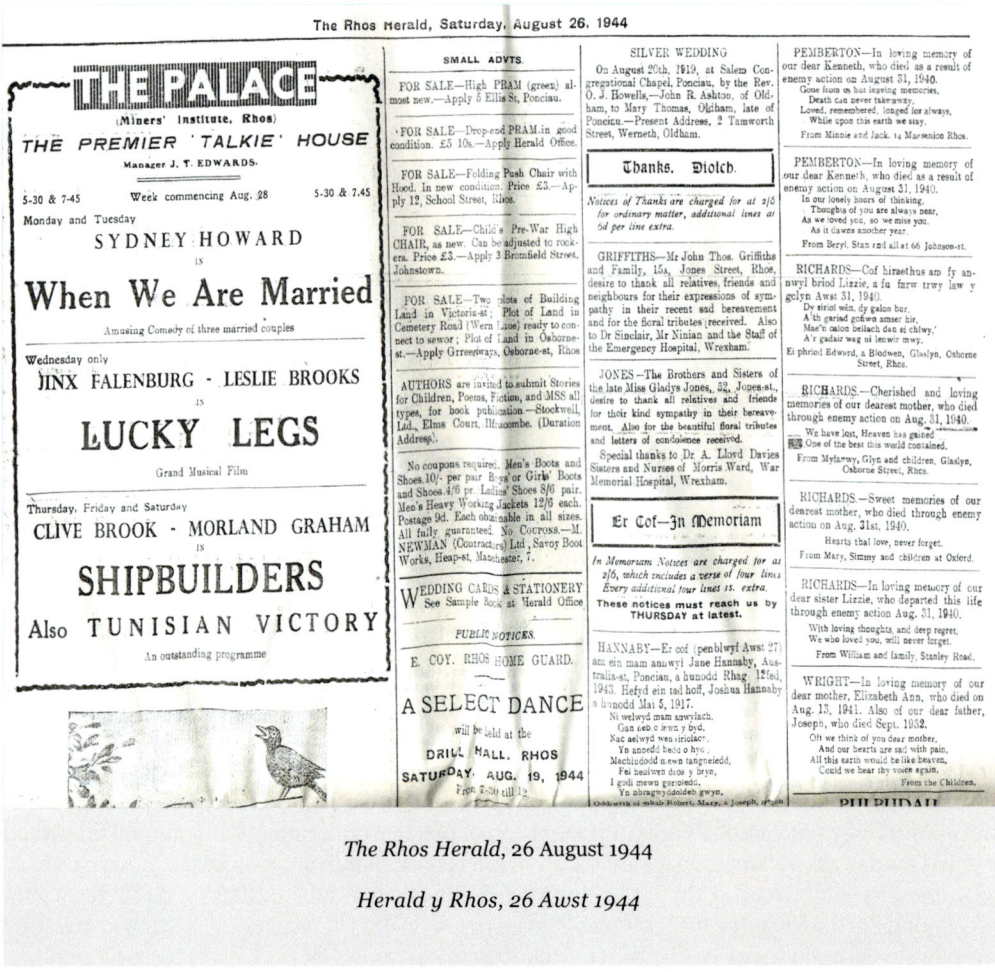

The Rhos Herald, 26 August 1944

Herald y Rhos, 26 Awst 1944

RHOS HERALD, SATURDAY, JAN. 16, 1932

MEETINGS AND ENTERTAINMENTS.

—MAJESTIC—

REGENT STREET, WREXHAM. PHONE 25

The Largest and Cosiest TALKIE Cinema in N. Wales

Monday to Friday—Continuous Performance from 6-30.
Saturdays and Holidays—Twice Nightly at 6-15 and 8-30 p.m.
Matinees Saturdays and Holidays at 2-30 p.m.

Week commencing Jan. 18—Monday to Wednesday—

MARY ASTOR & LOUIS WOLHEIM in

THE SIN SHIP

One woman . . . alone . . . on storm-swept seas.

Thursday, Jan. 14, for Three Days—

JEANETTE MACDONALD & VICTOR McLAGLEN in

Annabelle's Affairs

A Smart Comedy with a sophisticated punch.

The World's Best Talkie Features presented under Perfect & Ideal Conditions

Prices—Stalls 5d and 7d. Circle 1s.

Circle Seats for first or second house Saturdays may be reserved in advance.—Box Office open daily 10-30 to 1 p.m. Phone 25.

—PALACE—

(Miners' Institute, Rhos)

THE PREMIER 'TALKIE' HOUSE

The Home of First Class Entertainment under Ideal Conditions.

WEEK COMMENCING JAN. 18

Monday, Tuesday and Wednesday at 6 and 8

JOAN CRAWFORD in

Dance, Fools, Dance

Here's a strong drama that will "Put you on the Spot" for the most thrilling Screen Entertainment.

THURSDAY, FRIDAY & SATURDAY

EDW. G. ROBINSON & DOUGLAS FAIRBANKS, Jnr. in

LITTLE CAESAR

One of the Strongest Dramas ever filmed.

Admission—Circle (Booked Seats) 10d, Tax 2d—1/- Pit Stalls (not booked) 5d, Tax 1d—6d; 2½d, Tax ½d—3d. Children half price. Book your seats early. Phone 53 Rhos

—PAVILION—

CINEMA. RHOS

See and hear the Pictures that "Speak for themselves"—TALKIES

Monday, Jan. 18—For Six Nights—at 6 & 8

CHARLIE CHAPLIN

IN

CITY LIGHTS

The World's Greatest Comedian in the World's Greatest Comedy.
Charlie's Greatest Role—Greatest Story—Greatest Direction.

PRICES OF ADMISSION—5d. 7d and 9d.

PALAIS DE DANSE, RHOS

The Largest Spring Floor in the District

SATURDAYS ONLY **DANCING** 7-30 till 11-30

Music by the MAJESTIC ORPHEANS

Admission One Shilling

EXCURSIONS.

—G.W.R.—

CHEAP TRIPS

From WREXHAM with many Bookings from surrounding Stations

[illegible]

FRIDAY, JAN. 22.

To LONDON 10/- Leave Wrexham 11.30 am. Ruabon 11.50 am. (Restaurant Car train).

BRITISH INDUSTRIES FAIR LONDON (Feb 22 to 5) BIRMINGHAM (Feb 22 to Mar 4) should be visited by all business men.

Full details, conditions of issue of tickets etc obtainable at G.W.R. Stations and offices.

JAMES MILNE, General Manager.

SMALL PREPAID ADS.

FOR SALE—Chesterfield Drop end Settee, Various Kitchen & Dining Tables, Chairs, Wireless Tables, Oil Stoves, Lady's Cycle, Second Hand Carpets Wheelbarrow, Oak Single Combination Bedstead & Wool Mattress, Tall Stepladder Mangles, Frameless Mirrors, Splendid Organ, suitable for Chapel, Single Brass Bedstead, Hall Stand, Child's Motor Car, Large variety of useful presents in Cut Glass WILFRID JONES, Glyndwr Furnishing Depot, Hall Street, Rhos.

House Furniture at Bargain Prices !

GREAT

Clearance SALE

now on at the

Furniture Stores

3, Mount St., Wrexham

SOME OF THE BARGAINS

Solid Jacobean Oak SIDEBOARD—65/-
3-Piece SUITE in Rexine, with Velour Seats ... ... 5½ Gns
Solid Oak BEDSTEADS, complete with Wire Mattresses, Wool Mattress Bolster and 2 Feather Pillows ... £4 15s
Single Oak WARDROBE, with Hooks and Sliding Rods £1/12/6
Complete HEARTH SET 1 Box Curb 1 screen, ashpan and Companion set Complete £1
Bargains in CARPETS, MIRRORS, HEARTH FURNITURE, etc., etc.

Please Note—Any Goods bought during this Sale will be stored free until required

Note our only address—

Samuel Furniture Stores
3 Mount St., Wrexham

DYSPEPTICS!

Make eating a pleasure and enjoy good health

Why put up with the misery of indigestion when you can regain your good health and eat what you like without discomfort and pain, by taking this very effective remedy—Bismuth, Magnesia, Pepsin, Bi-carbonate Soda and Peppermint in convenient tablet form. Make up your mind now to try—

FRANCIS No. 4

BISMUTH & MAGNESIA INDIGESTION TABLETS

per box 7½d. and 1/3 per box

Francis & Co.

Chemists & Druggists,
Hope St. & 22, Town Hill
WREXHAM.
Telephone: WREXHAM 5.

Send this Coupon to us with stamped addressed envelope, or call in for FREE sample.

Coupon for Free
Generous Sample of
No. 4
Bismuth and
Magnesia Tablets

BUSINESS ENVELOPES—from 4s. per 1000 at the Herald Office, Rhos.

MEETINGS AND ENTERTAINMENTS

RHOS SILVER BAND'S

WHIST DRIVE & DANCE

At the Palais De Danse

On Wednesday, Jan, 20, 1932

Dancing 7—1. Whist at 7-30

Metronomes Dance Band

Valuable Prizes for Whist and Dancing

Refreshments at moderate prices

TICKETS—1/6

YSGOLDY CAPEL MAWR,
NOS FERCHER, CHWEF. 3, 1932

Rhoddir perfformiad o'r

Gantawd Gysegredig

'JOSEPH' (Hugh Davies)

GAN

Gor Plant Capel Mawr

(Arweinydd, Mr Ben Evans)

Yn cael eu gynorthwyo gan Tenor a Bass.

Cyfeilydd, Miss L. Williams, A.R.C.M.

Drysau'n agor 6-30, dechreuir 7.

Tocynnau—Blaensedd 1s. Olsedd 6c

"Comedi Newydd yn llawn Hiwmor a Philosophi."

Ym Mhlas Mwnwyr Rhos

Nos Fercher, Chwefror 3.

Chwareuir y

'Y Pwyllgorddyn'

(J. ELLIS WILLIAMS)

Drama Ddewisedig Eisteddfod Genedlaethol Port Talbot, 1932

GAN

GWMNI BETHLEHEM, Rhos

Drysau'n agor 6-45, Llen am 7.15.

Seddau Cadw, 1/6, Ailsedd 1/-, Olsedd 6ch

Os am ddwy awr ddifyr ac addysgiadol gofalwch am docyn mewn pryd i weld y comedi amserol hon.

Western Transport Co.

LTD

Offices—Maesgwyn Garage Mold Road, Wrexham. (Booking Office, High Street). Phone 256.

TRANSPORT RED

DAILY EXPRESS SERVICE.

WREXHAM to BIRKENHEAD

Leaving Aston & Sons, Ltd., Regent St., 10 a.m. returning from Birkenhead 8.30 p.m. Saturdays and Sundays excepted

Return Fare, 2/6

Seats can be booked at Messrs Clarke & Son High Street, Wrexham (Tel. 256) at Transport Offices, Mold Road, (Tel. 232) or Cross Foxes Hotel, Coedpoeth

A. A. HAWKINS, General Manager

IF YOU GET INDIGESTION

In any form . . .

here's an opportunity to test the quickest and soundest way of getting relief. As most indigestion is caused by excess stomach acidity, the common-sense remedy is obviously that which removes this cause. 'Bisurated' Magnesia always gives quick relief because it instantly neutralises excess acidity, thus allowing digestion to proceed unhindered. Doctors all over the world recommend 'Bisurated' Magnesia, and we invite you to test it now.

'BISURATED' MAGNESIA

removes the cause of stomach trouble.

FOR FREE SAMPLE POST THIS COUPON TO-DAY

Thanks. (Diolch)

DYMUNA Joseph Morgan ... a'r Teulu, 41 Chapel ... ddiolch am y cydymdeimlad ... ddangoswyd yn eu profedigaeth ...

Mr JOSEPH MORGAN ... and Family 11 Chapel Street ... desire to thank all for the ... sympathy shown to them in ... recent bereavement.

Mr & Mrs WM HUGHES ... 4 Creek Road, Penkey ... to thank all relatives, friends and neighbours for the kind sympathy shown to them in their recent sad bereavement, also for letters of condolence and floral tributes received.

Er Cof (In Memoriam)

EDWARDS—In ever ... of my dear daughter, Mary Elizabeth, who died Jan 14th 1930. Also my dear husband who passed away Oct 20, 1931

'Tis not the tears at the moment shed
That tell how beloved are those who are dead;
'Tis the empty heart and the silent years
For the absent ones who will never return.

Sadly missed by Mother, Brother & Sister 20 Church Street, Rhos.

EDWARDS—In fond remembrance of my dear sister Mary Elizabeth, who died Jan 14th, 1930. Also my dear Father who passed away Oct 20th 1931

Ever faithful kind and true
Selfishness she never knew,
One of the best God could send
A loving sister to the end.

Ever remembered by Kate & Tom, 22 Erwgerrig.

EDWARDS—In fond remembrance of my dear sister Mary Elizabeth, who died Jan 14th, 1930. Also my dear Father who passed away Oct 20 1931

How hard it is to part with those
We held on earth so dear
The heart no greater trial knows
No sorrow more severe.

Ever remembered by Thomas David & Doris, 6 New Street, Rhos.

SMITH—In loving memory of my dear son, William John Smith, age 15 years who passed away at Meadowslea, Penyffordd, January 19th 1931.

I miss thee when the morning dawns,
I miss thee when the night returns
I miss thee here, I miss you there,
Dear son, I miss you everywhere.

Days of sadness still come o'er us
Hidden tears do often flow
Memory keeps our dear one near us
Though he died twelve months ago.

From his Mother, Brother and Sisters 45 High Street, Rhos.

Also my dear husband, Enoch Jones who passed away Aug 8th, 1930.

Day by day I think how I miss you
Sadly do we feel your loss
Lonely is our home without you,
Help us Lord to bear our Cross.

From his Wife and Children.

RHOS

UN. DIR. Y MERCHED.—Cynhaliwyd Seiat Ddirwestol yn Ysgoldy Ebenezer, Rhos, nos Lun ddiweddaf. Cafwyd cyfarfod dymunol iawn o dan lywyddiaeth Mrs Charles Roberts. Llechrwyd y cyfarfod gan Mrs Roberts, Hill St. Daeth lluaws o chwiorydd ynghyd, a mwynhawyd y cyfarfod yn fawr.

ATHRAWES A'I DOSBARTH.—Tlws o beth a ddigwyddodd y noson o'r blaen yn "Tan y Rhiw," Hill Street, Rhos. Gwahoddodd Mrs Griffin ei dosbarth o Ysgol Sul Penuel yno i wledd, a chwareuwyd ag y danteithion, ... hi, cyflwynwyd iddi anrheg hardd o Case of Fish Knives and Forks, ... araith dwt gan Mrs Iorwerth Thomas, School Street. Dosbarth o ferched ydyw a bu Mrs Griffin yn hynod ffyddlon ac ymroddedig iddo am 10 mlynedd

PONCIE

CYM. DIRW. MYNYDD SEION.—Nos Iau, Ionawr 7fed, cafwyd ... papur ... ol gan ddau o aelodau ieuengaf y gymdeithas fel agoriad i drafodaeth ar y testun diddorol,—yn ei ystyr lythrennol yn fwy felly yn ei arwyddocad, "Pinn yw'r gorau, Siwgr ynte Halen?" gan Miss Olwen Mears a Mr Joseph William Jones. Nid ar ea thagoriadau fel unwaith ... ddau yr ymdriniwyd yn unig, ond ar le y meiys a'r halen yn mhrofiad bywyd. Llywyddwyd gan Mr Henry Williams, a chymerwyd rhan gan amryw yn y drafodaeth wir ddiddorol

Herald y Rhos 16 Ionawr 1932 yn dangos y rhaglen amrywiol a oedd ar gael yn y Palace ac mewn sinemâu lleol eraill

The Rhos Herald from 16 January 1932, showing the varied fare on offer at 'The Palace' and other local cinemas

Titles shown at the Palace ranged from blockbusters to B-Movies, with luminaries such as MGM, Warner-Pathe, Rank, Twentieth Century Fox and Columbia rubbing shoulders with lesser lights like British Lion and Eros Films. MGM supplied 27 titles to the Palace Theatre in the period between July 1947 and March 1948 alone and, of these, family films were most popular. Accordingly, *The Yearling*, an Academy Award-winning family film starring Gregory Peck, was shown three times in March 1948, and generated an average income from ticket receipts of almost £50 per show. *Gallant Bess*, another similar offering, ran on two consecutive days and generated almost £60 per show. Comedy films were also popular, with Laurel and Hardy's *Bonnie Scotland* bringing in £35, which was almost the same as the Marx Brothers' *A Day at the Races*.

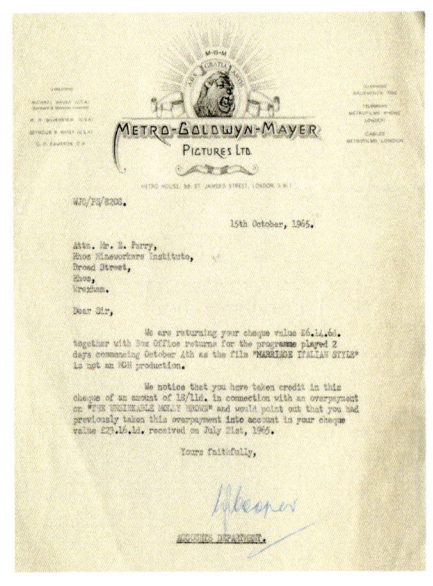

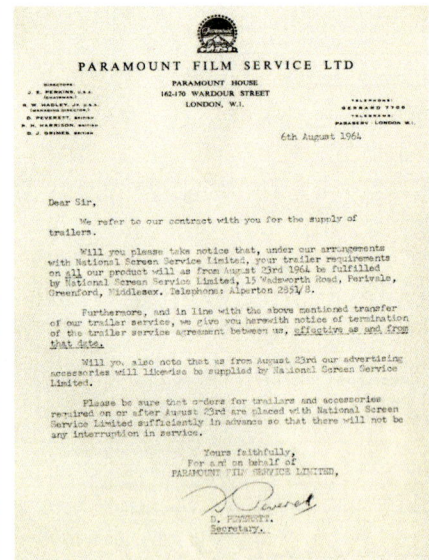

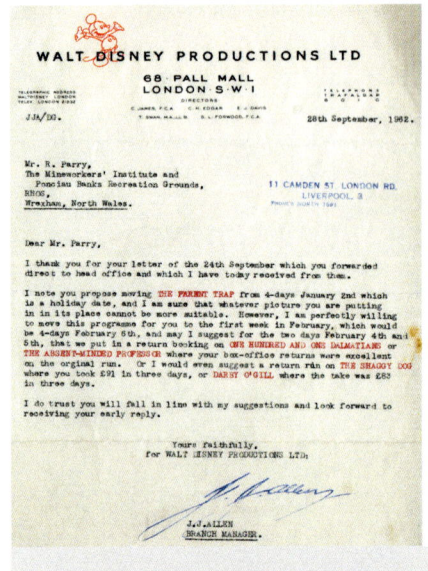

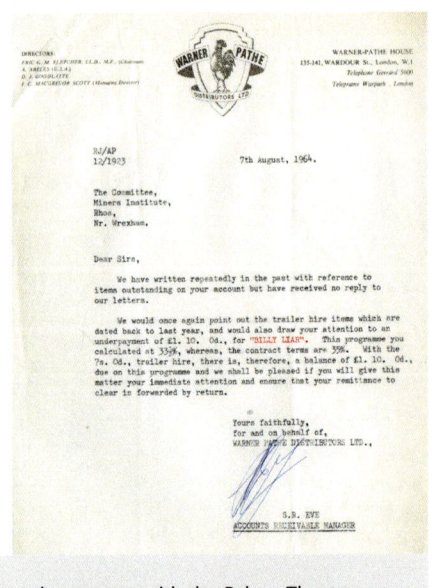

Some of the major film distributors in regular contact with the Palace Theatre

Rhai o'r prif ddosbarthwyr ffilmiau a oedd mewn cysylltiad cyson â'r Theatr y Palace

Mae teitlau'r ffilmiau a ddangosid yn y *Palace* yn amrywio o'r *blockbusters* i'r ffilmiau-B gyda chewri llachar *MGM, Warner-Pathe, Rank, Twentieth Century Fox* a *Columbia* yn rhannu'r llwyfan gyda meidrolion llai fel *British Lion* ac *Eros Films.* Dangoswyd 27 o ffilmiau *MGM* yn Theatr y *Palace.* rhwng Gorffennaf 1947 a Mawrth 1948 yn unig, ac o blith y rhain y ffilmiau teuluol oedd y rhai mwyaf poblogaidd. Fel y gellid disgwyl, dangoswyd *The Yearling,* ffilm deuluol a oedd wedi ennill gwobrau'r Academi deirgwaith yn ystod Mawrth 1948 a chynhyrchodd gwerthiant y tocynnau ar gyfer pob sioe incwm o bron £50 ar gyfartaledd Rhedodd ffilm arall, *Gallant Bess,* ddwy noson yn olynol, gan gynhyrchu incwm o £60 y sioe. Roedd ffilmiau comedi hefyd yn boblogaidd, a chodwyd £35 pan dangoswyd Laurel a Hardy yn *Bonnie Scotland,* bron yr un swm â'r hyn a godwyd gan *Day at the Races* y Brodyr Marx.

Rhestr hysbysebion ffilmiau Herald y Rhos ym 1942

The Rhos Herald advertising cinema listings in 1942

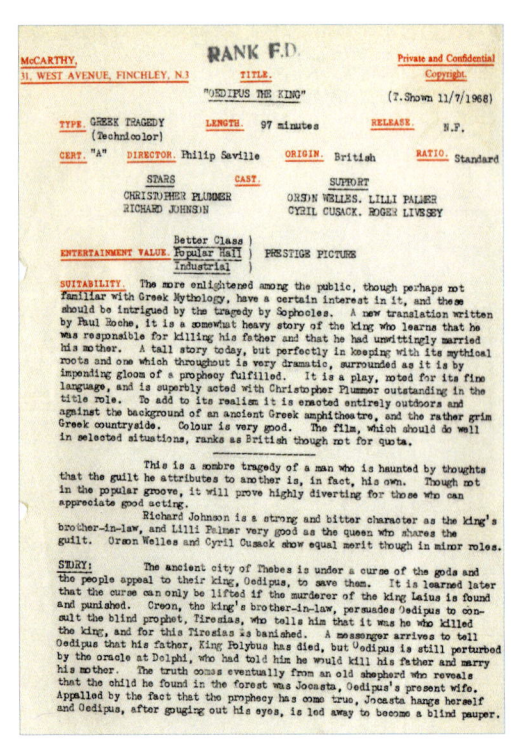

Other films offered drama, romance and big-name stars like Janet Leigh (*The Romance of Rosy Ridge*), Clark Gable and Deborah Kerr (*The Hucksters*) and Spencer Tracy and Katherine Hepburn (*The Sea of Grass*). All were popular but none more so than David Niven's romantic drama, *The Other Love*, which generated £104 1s 9d after a two day run.

War films and westerns remained perennial favourites. During the 1950s, titles such as *The Cruel Sea* and *Red River* made regular appearances in the Stiwt's booking register. Other titles, like *High Noon* and *Wagons West*, also received extended runs at the Palace in September 1953. Adding to the diversity, adventure films like *The Prisoner of Zenda*, *Scaramouche* and *The Four Feathers* ensured entertainment aplenty for those less fond of the romance genre. These titles provided worthy competition for the nearby Pavilion Theatre – whose own cinema had opened in June 1931 - where serialisations like *The Amazing Adventures of the Clutching Hand* promised fifteen 'pulse-pounding chapters' week after week.

The popularity of the cinema was such that careful planning and management was required. Although film income was considerable, costs associated with film rental, percentages on receipts, royalties and transport still had to be met. In addition, a considerable number of staff was crucial to the smooth running of this complex organisation. The records for 1931 give us some idea of the tasks they carried out. Robert Davies of 8 Hope Street was employed as the Film Operator on a wage of £3 per week. By this time Brynley Jones, who had beaten off competition from eight other applicants, was earning £2 per week as Assistant Operator, while David Arthur Davies took home £1 per week as Third Man. At ground level, Gareth Gittins' role as Cashier and Booking Clerk earned him £1 10s per week.

Roedd ffilmiau eraill yn cynnig drama rhamant a sêr enwog fel Janet Leigh *(The Romance of Rosy Ridge)* Clark Gable a Deborah Kerr *(The Hucksters)* a Spencer Tracy a Katherine Hepburn *(The Sea of Grass)*. Roedden nhw i gyd yn boblogaidd ond doedd yr un yn fwy poblogaidd na drama ramantus David Niven, *The Other Love* a gynhyrchodd incwm o £104.1 s.9c. ar ôl cael ei dangos am ddau ddiwrnod.

Roedd ffilmiau rhyfel yn parhau ymhlith y ffefrynnau. Yn ystod y 1950au, ceir teitlau fel *The Cruel Sea* a *Red River* yn ymddangos yn rheolaidd yn rhestr archebu'r Stiwt. Roedd teitlau eraill fel *High Noon* a *Wagons West* hefyd yn cael rhediad estynedig yn y *Palace* yn ystod Medi 1953. Gofalai ffilmiau antur fel *The Prisoner of Zenda, Scaramouche* a *The Four Feathers* fod digonedd o adloniant ar gael i'r rhai nad oedd y *genre* ramantaidd at eu dant. Roedd y teitlau hyn yn cynnig cystadleuaeth anrhydeddus i'r *Pavilion Theatre* gerllaw a agorodd ei Sinema ei hunan ym Mehefin 1931 a lle y gellid gwylio ffilmiau cyfres fel *The Amazing Adventures of the Clutching Hand,* a oedd yn addo 'pymtheg pennod i wneud i'r galon guro'n wyllt' wythnos ar ôl wythnos

Cymaint oedd poblogrwydd y sinema fel bod angen cynllunio a rheoli gofalus. Er bod yr incwm o'r ffilmiau'n sylweddol, roedd gofyn cwrdd â chostau rhentu ffilmiau, talu canran o'r derbyniadau, breindaliadau a chludiant. Ar ben hyn, roedd angen staff i ofalu bod y gyfundrefn gymhleth hon yn llwyddo i redeg yn esmwyth. Mae cofnodion 1931 yn rhoi cipolwg inni o'r tasgau yr oedd rhaid eu cyflawni. Cyflogid Robert Davies, 8 Stryt Gobaith, i weithio'r Peiriant Ffilmiau ar gyflog o £3 yr wythnos. Bellach roedd Brinley Jones, a lwyddodd i gael ei benodi mewn cystadleuaeth ffyrnig yn erbyn wyth ymgeisydd arall, yn ennill £2 fel Gweithiwr Peiriant Ffilmiau Cynorthwyol, tra oedd David Arthur Davies yn cymryd £1 adref bob wythnos fel y Trydydd Dyn. Radd yn is, roedd Gareth Gittins yn gweithredu fel Derbynnydd Arian a Chlerc Archebion ar gyflog o £1.10 yr wythnos.

Nid dynion oedd yn gwneud pob dim ychwaith, gan mai gwragedd lleol oedd yn hebrwng pobl i'w seddau. Felly, gwelwn Miss Alice Ellis, Lloyd St., Rhos, Miss Beatrice Banks, New St., Rhos a Mrs Sarah Ann Mears, y Ponciau, yn ennill 1s 6c y perfformiad yn y 1930au. Roedd

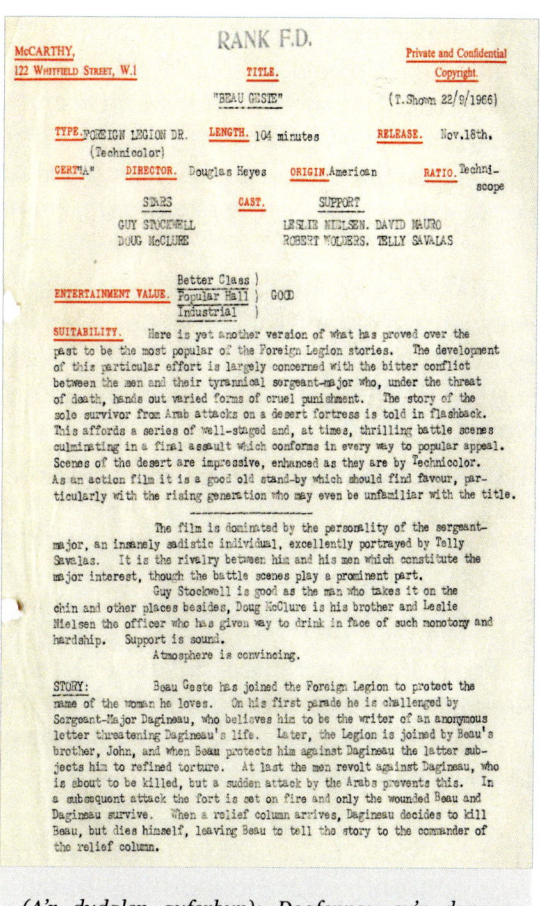

(A'r dudalen gyferbyn): Dogfennau sy'n dangos natur gymhleth dewis a dosbarthu ffilmiau

(And opposite page): Documents illustrating the complex nature of film selection and distribution.

Not all roles, however, were reserved for men; Cinema Attendants were usually women from the locality. Thus, Miss Alice Ellis of Lloyd Street, Rhos, Miss Beatrice Banks of New Street, Rhos and Mrs Sarah Ann Mears, of Ponciau, could be found earning 1s 6d per performance in the 1930s. The position of attendant was obviously coveted, judging by the 74 applications received for the one vacant post in 1931. Miss Jane Prichard of Clarke Street, Ponciau, was the lucky beneficiary this time, and her wage, like that of the rest of the attendants, was formalised at 15s per week. By the end of this decade there were seven female attendants listed in the wage books. Interestingly, although their numbers increased in the 1930s, their wages stayed the same!

From its inception the Palace would come to dominate the Stiwt's financial returns. In his summary of accounts for 1930, Simon Jones, the Stiwt's accountant, reported on a 'momentous' year with financial results that were 'certainly satisfactory' – something he attributed to the installation of the 'Talkies Cinematograph'. This, along with the still on-going (although declining) silent movie theatre, was turning a profit of £14 per week or £730 per year. A generation later, the financial report is even more emphatic, stating that the 'sole source of profit is the Cinema' which, by this time, was bringing in £1,790 clear profit per year. It is little wonder that the long-serving Chairman of the Stiwt, J.T. Edwards, would allegedly stand on the steps of the Institute imploring passers-by to ignore the pleasures of the nearby Pavilion, exhorting them instead to 'Dewch i mewn i'ch lle chi'ch hun' ('come in to your own hall')!

The Palace Cinema provided a beacon of light in the dark days of post-war depression and industrial decline. Like its South Wales counterparts, it was established as 'a practical response to a distinct set of local circumstances'. As in the rest of Wales, the agent of this response was often the varied fare offered by Hollywood.

The Stiwt Library

In line with other Miners' Institutes, the profits from the cinema were used to fund activities more befitting of the Institute's objective to enhance the 'social well-being and conditions of living' of their patrons, and it is to more intellectual pursuits that we now turn.

Libraries were a major feature of Institutes in all parts of Wales, given impetus by a nonconformist and industrial tradition. This tradition prided itself on self-help and self-education. The terms 'original collective impulse' and 'spirit of local independence' have been applied to South Wales Institutes' libraries, and are just as fitting when applied to North East Wales. This was especially true of places like Rhos where, according to H.A. Lloyd, there existed 'a complex of rumbustious defiance and cantankerous pride'. Aneurin Bevan, at the opening of

yn amlwg bod swydd hebryngwr yn un i'w chwennych, gan fod 74 o ymgeiswyr wedi cynnig am un swydd wag ym 1931. Miss Jane Pritchard o Stryt Clarke, Ponciau oedd yr ymgeisydd lwcus y tro hwn a chytunwyd ar gyflog o 15s yr wythnos, Erbyn diwedd y degawd roedd saith o wragedd hebrwng ar restr y llyfr cyflogau. O ddiddordeb, er i'w nifer gynyddu yn y 1930au, arhosodd eu cyflog yr un fath!

O'r dechrau cyntaf, byddai'r *Palace* yn cymryd y lle blaenaf yn enillion ariannol y Stiwt. Yn ei grynodeb o gyfrifon 1930, dywed Simon Jones, cyfrifydd y Stiwt, fod y canlyniadau ariannol 'heb amheuaeth yn foddhaol' - ffaith a briodolai i ddyfodiad y *'Talkies Cinematograph'*. Roedd hyn, yn ogystal â'r ffilmiau mud a oedd yn parhau i rygnu ymlaen (er eu bod yn eu blynyddoedd olaf) yn dod ag elw o £14 yr wythnos neu £730 y flwyddyn. Genhedlaeth yn ddiweddarach, mae'r adroddiad ariannol yn cyhoeddi hyd yn oed yn fwy pendant mai'r 'unig ffynhonnell sy'n cynhyrchu elw yw'r sinema' a oedd, ar y pryd, yn cynhyrchu elw clir o £1,790 y flwyddyn. Nid yw n syndod yn y byd fod Cadeirydd tymor hir y Stiwt. J.T.Edwards, yn ôl pob sôn, yn arfer sefyll ar stepiau'r Stiwt yn erfyn ar y rhai oedd yn mynd heibio i beidio â chael eu hudo gan ddeniadau'r Pafiliwn i lawr y ffordd, gan eu hannog yn daer, 'Dewch i mewn i'ch lle chi'ch hun' .

Roedd Sinema'r *Palace* yn cynnig llafn o oleuni yn nyddiau tywyll y dirwasgiad ar ôl y rhyfel a'r dirywiad diwydiannol. Fel yn achos y boblogaeth gyfatebol yn Ne Cymru, daeth yn 'ymateb ymarferol i nifer o amgylchiadau neilltuol lleol'. Fel yng ngweddill Cymru, cyfrwng yr ymateb hwn yn aml oedd y danteithion amrywiol a gynigid gan Hollywood.

Llyfrgell y Stiwt

Fel yn achos pob Institiwt y Glowyr arall, defnyddid elw'r sinema i noddi gweithgareddau a oedd yn nes at galon amcanion yr Institiwt, sef hyrwyddo 'lles cymdeithasol ac amodau byw' eu noddwyr, a thrown yn awr at ddiddordebau mwy deallusol eu naws.

Roedd llyfrgelloedd yn rhan amlwg iawn o'r Institiwt ymhob rhan o Gymru, a rhoddid hwb cyson iddynt gan y traddodiad anghydffurfiol a diwydiannol. Ymfalchïai'r traddodiad hwn mewn hunan-gymorth a hunan-ddysg. Ystyrid y termau 'ysgogiad cyfunol gwreiddiol' ac 'ysbryd annibyniaeth leol' yn rhai addas i ddisgrifio'r Llyfrgelloedd Institiwt yn Ne Cymru ac maent yn llawn mor berthnasol yng nghyd-destun gogledd-ddwyrain Cymru. Roedd hyn yn arbennig o wir mewn ardaloedd fel y Rhos, lle yr oedd, yn ôl H.A.Lloyd, 'herfeiddiwch llafar a balchder cwerylgar'. Wrth agor Institiwt Tredegar ym 1926, mae Aneirin Bevan yn priodoli nodweddion amlwg Cymreig o'r math hwn i ddau beth: yr Ysgolion Sul a 'fu'n meithrin dawn mynegi barn' a'r Institiwt a 'oedd yn darparu cyfleusterau darllen'. Ym 1930 ceir Pwyllgor Rheoli'r Stiwt yn trafod cyfleusterau cyffelyb ar gyfer y Rhos.

Roedd Llyfrgell y Stiwt yn bod oddi ar 1926 ac roedd yn un o'r Llyfrgelloedd Institiwt cyntaf yng Nghymru. Erbyn 1930, fodd bynnag, nid oedd y ddarpariaeth lyfrau'n ddigonol. Ym mis Mehefin, gohiriwyd benthyg llyfrau a ffurfiwyd is-bwyllgor i 'gynnal trafodaeth fanwl ar fater trefniant'.

the Tredegar Institute in 1926, attributed such identifiably Welsh characteristics to two things: the Sunday Schools which 'cultivated the gift of expression' and the Institutes which 'provided the reading facilities'. In 1930, the Stiwt's Management Committee could be found dealing with such facilities for Rhos.

The Stiwt Library had been in existence since 1926 and constituted one of the earliest Institute libraries in Wales though by 1930, library provision was clearly inadequate. In June of that year, book lending was suspended and a Library sub-committee formed 'to go fully into the question of organisation'.

This sub-committee originally comprised Joseph Davies, William Parry, Tom Rogers, Ellis Parry, David Edwards and J.T. Edwards. Their goal clearly extended beyond the organisation of a mere village library though, as the committee sought to establish a Public Library in the Stiwt. This would operate under the auspices of the Parish Council in line with William Gladstone's *Public Library Act* of 1866. This classic piece of middle-class paternalism granted devolved power to the Parish authorities to establish free public libraries. Some would argue that this was also designed to keep the working classes out of trouble!

In November 1930, the Management Committee met with the County Librarian, Mr Owen Williams. He seemed keen to support ideas for a Public Library at the Stiwt and was 'very critical of the work done in Rhos' previously. The Parish Council also joined the discussions, something made easier by the fact that they rented a meeting room on the first floor of the Stiwt on a permanent basis. As with schemes elsewhere, the Stiwt hoped to pay for the library through a tax levied on local ratepayers. Thus we find the Committee, in September 1931, requesting of the Parish Council a ½d levy to expand the current library and employ a dedicated Librarian.

The Minute Books suggest there was still some concern at this time over the legality of establishing a Public Library in a building outside municipal control. However, the committee was clearly confident of success as they had already commissioned W.F. Humphreys to build additional bookshelves in the first floor reading room at a cost of £76 10s. This confidence was only partly repaid. The Parish Council agreed to the establishment of a Public Library in the Winter of 1931, but refused the Stiwt permission to raise funds through taxation.

Despite this financial setback, it is evident that library provision was still deemed essential in an Institute built to embody learning and encourage intellectual pursuit. Accordingly, in a meeting held on 31 October 1931, the committee agreed to follow the advice of William Parry, who had urged the management to 'take full control' of the library and, as a corollary, 'shoulder the financial burden of paying the Librarian' which amounted to £30 per year. Despite the misgivings of some, Parry's recommendations were passed by a slender margin of three votes.

Aelodau gwreiddiol yr is-bwyllgor oedd Joseph Davies, William Parry, Tom Rogers, Ellis Parry, David Edwards a J.T.Edwards. Eto i gyd, roedd eu nod yn ymestyn ymhell y tu hwnt i drefniant llyfrgell pentref, gan fod y pwyllgor yn ceisio sefydlu Llyfrgell Gyhoeddus yn y Stiwt. Byddai hyn yn gweithredu dan nawdd y Cyngor Plwyf yn unol â *Deddf Llyfrgelloedd Cyhoeddus* 1866 William Gladstone. Roedd amcanion tadol dosbarth canol clasurol y ddeddf hon yn trosglwyddo pwerau i Awdurdodau'r Plwyf fel y gallent sefydlu Llyfrgelloedd Cyhoeddus di-dâl. Byddai rhai'n dadlau fod hyn hefyd wedi'i lunio i gadw'r dosbarth gweithiol rhag creu helynt!

Fis Tachwedd 1930, cynhaliwyd cyfarfod rhwng y Pwyllgor Rheoli a Llyfrgellydd y Sir, Mr. Owen Williams. Roedd ef yn ymddangos yn awyddus i gefnogi'r syniadau am Lyfrgell Gyhoeddus yn y Stiwt ac roedd 'yn feirniadol iawn o'r gwaith a wnaed yn y Rhos' yn y gorffennol. Ymunodd aelodau'r Cyngor Plwyf yn y trafodaethau, rhywbeth a wnaed yn haws am eu bod yn rhentu ystafell gyfarfod ar lawr cyntaf y Stiwt dan gytundeb parhaol. Gan ddilyn cynlluniau mewn mannau eraill, roedd y Stiwt yn gobeithio talu am y llyfrgell ag arian y dreth a godid ar drethdalwyr lleol. Felly, cawn y Pwyllgor, ym mis Medi, yn gofyn i'r Cyngor Plwyf godi treth o ½ c ar gyfer ehangu'r llyfrgell bresennol a chyflogi llyfrgellydd cydwybodol.

Awgryma'r Llyfr Cofnodion fod cryn bryder yn parhau, y pryd hynny, ynglŷn â pha mor gyfreithlon fyddai sefydlu Llyfrgell Gyhoeddus mewn adeilad heb fod dan awdurdod dinesig. Roedd yn amlwg fod aelodau'r Pwyllgor, fodd bynnag, yn bur hyderus, gan eu bod eisoes wedi comisiynu W.F.Humphreys i adeiladu silffoedd llyfrau ychwanegol yn yr ystafell ddarllen ar y llawr cyntaf ar gost o £76.10s. Yn rhannol yn unig y gwobrwywyd yr hyder hwn. Cytunodd y Cyngor Plwyf i sefydlu Llyfrgell Gyhoeddus yn ystod Gaeaf 1931 ond gwrthodwyd rhoi caniatâd i'r Stiwt dderbyn arian trwy godi'r trethi.

Ar waetha'r siom ariannol, mae'n amlwg fod darparu llyfrgell yn hanfodol mewn Institiwt a adeiladwyd i hyrwyddo dysg a hybu gweithgareddau deallusol. Felly, mewn cyfarfod a gynhaliwyd ar y 31 Hydref 1931, cytunodd y pwyllgor i ddilyn cyngor William Parry a oedd wedi annog y pwyllgor rheoli i ' fod yn llwyr gyfrifol' am y llyfrgell ac, yn sgil hynny, i 'ysgwyddo'r baich ariannol o dalu cyflog y Llyfrgellydd', sef £30 y flwyddyn. Ar waethaf amheuon ambell aelod, derbyniwyd argymhellion Parry, o drwch blewyn, gyda mwyafrif o dair pleidlais.

Roedd y gofynion a ddisgwylid gan yr ymgeiswyr am swydd y Llyfrgellydd yn ddadlennol ac yn rhoi cipolwg ar feddylfryd y cyfnod. Cyfyngid y ceisiadau i ddynion dros 21 mlwydd oed a oedd yn siarad Cymraeg ac roedd yn hanfodol fod ganddynt 'wybodaeth am lyfrau a llenyddiaeth'. O'r 35 ymgeisydd, James Edwards gafodd y mwyafrif o bleidleisiau ac fe'i penodwyd i lenwi swydd yr ystafell ddarllen ar y llawr cyntaf. Hyd yn oed heddiw, gallwn synhwyro'r hafan dangnefeddus. Disgrifir yr ystafell fel un a oedd 'wedi ei goleuo'n arbennig o dda' gyda ffenestr Ffrengig yn arwain allan i falconi bach, darlun tangnefeddus o lonyddwch myfyrgar.

Cyhoeddodd *Herald y Rhos* y byddai 'Llyfrgell Gyhoeddus y Rhos' yn agor ei drysau ar y cyntaf o Chwefror 1932. Roedd Pwyllgor Rheoli'r Stiwt yn 'gobeithio'n arw y byddai'r cyhoedd yn manteisio ar y cyfleusterau a oedd yn cael eu cynnig iddyn nhw'. Roedd erfyn am gefnogaeth y cyhoedd yn fwy nag apêl i'r teimladau deallusol yn unig oherwydd, gan na fyddai nawdd swyddogol ar gael trwy godi trethi, byddai'n rhaid i'r llyfrgell ddibynnu ar danysgrifiadau'r cyhoedd.

The application criteria for the post of Librarian reveals something of the mentality of the times. Applications were restricted to Welsh speaking males over the age of 21, for whom a 'knowledge of books and literature' was deemed essential. Of the 35 applicants, James Edwards received the most votes and was duly appointed, taking his position in the first floor reading room. Even today we can imagine this haven of serenity. The room was described as being 'particularly well lighted' with a French window leading out on to a side balcony, completing the picture of studious calm.

The *Rhos Herald* announced that the 'Rhos Public Library' would open its doors on 1 February 1932. The Stiwt's management 'sincerely hoped that the Public will take advantage of the facilities offered them'. This plea for public support was more than just an appeal to intellectual sensibilities, as, in the absence of any official levy, the library would mainly be funded through public subscription.

On the opening day the signs were more than encouraging. A 'large queue' snaked its way down Broad Street and 140 people eagerly handed over their 2d registration fee, with many more registering later. For this fee, members of the public could avail themselves of more than 1,200 books (this figure would rise to over 4,000 by the 1950s), all housed in 'handsome book cases', and 'neatly arranged' by James Edwards. Items were lent for 14 days, after which time unspecified fines for late returns would be 'strictly enforced'.

In 1972, the South Wales Miners' Library was founded to collect and preserve the reading habits of numerous Miners' Institutes. Unfortunately, a similar organisation does not exist in North Wales, although the local press provides a flavour of the titles on offer at the new Public Library. These included 'Welsh volumes and a sprinkling of well-known classics', such as the complete works of Sir Walter Scott, Charles Dickens and Robert Louis Stevenson, along with the novels and poetry of Thomas Hardy. In addition, there was also the appeal of contemporary bestsellers like J.B. Priestley's *Angel Pavement* and *The Good Companions,* whose focus on theatre acts and the Great Depression would have resonated with the Rhos public. No surprise, then, that the *Rhos Herald* records a 'considerable gap in the fiction shelves' on this first day.

Anecdotal evidence suggests that other reading matter was similar to that found in South Wales, namely: music, literature, psychology, philosophy and, in particular, religion. Politics was also catered for and, given the dominance of the Communist party in the Rhos area, it is likely that the Marxist texts, listed in places like the Maerdy Institute in the South Wales Valleys, were readily available too.

It is less easy to discern the extent to which the library catered for the 'needs of the women', as requested by Miss Morris of the County Library

Ar y diwrnod agoriadol roedd yr argoelion yn addawol. Roedd 'ciw mawr' yn nadreddu ei ffordd i lawr y Stryt Lydan a thalodd 140 o bobl eu tâl aelodaeth o 2g. Am y ffi hon, roedd 1,200 o lyfrau ar gael i aelodau'r cyhoedd (cododd nifer y llyfrau i 4,000 erbyn y 1950au) ac roedd y cyfan mewn 'cypyrddau llyfrau hardd' wedi eu 'gosod yn daclus' gan James Edwards. Roedd yr eitemau ar fenthyg am 14 o ddyddiau, ac ar ôl hynny byddai'n rhaid talu dirwyon amhenodol am ddychwelyd y llyfrau'n hwyr – rheol a fyddai'n cael ei 'gweithredu'n llym'.

Ym 1972, sefydlwyd Llyfrgell Glowyr De Cymru i gasglu a rhoi ar gadw batrymau darllen nifer o Institiwts y Glowyr . Yn anffodus, ni cheir prosiect cyffelyb yng Ngogledd Cymru, er hynny mae'r gweisg lleol yn rhoi blas a thameidiau o'r hyn a oedd ar gael yn y Llyfrgell Gyhoeddus newydd. Ymhlith y rhain ceid 'cyfrolau Cymraeg ac ychydig o'r clasuron adnabyddus', fel gwaith cyflawn Sir Walter Scott, Charles Dickens a Robert Louis Stevenson ynghyd â nofelau a barddoniaeth Thomas Hardy. Hefyd roedd mynd ar lyfrau cyfoes fel *Angel Pavement* a *The Good Companions* J.B.Priestley a chan fod y cyfrolau hyn yn canolbwyntio ar berfformiadau theatr a'r Dirwasgiad mawr, byddent yn saff o daro deuddeg gyda phobl y Rhos. Nid yw'n syndod felly fod *Herald y Rhos*' yn nodi fod 'bylchau enfawr ar y silffoedd ffuglen' erbyn diwedd y diwrnod cyntaf.

Mae tystiolaeth lafar yn awgrymu bod y deunydd darllen yn debyg i'r hyn a geid yn Ne Cymru, sef: cerddoriaeth, llenyddiaeth, seicoleg, athroniaeth, a chrefydd yn arbennig. Byddai lle amlwg hefyd i gyfrolau gwleidyddol. O gofio pa mor gryf yr oedd y Blaid Gomiwnyddol yn ardal y Rhos, mae'n bur debyg y byddai testunau Marcsaidd fel y rhai ar restr lleoedd fel Institiwt Maerdy yn Ne Cymru, ar gael yma yn ogystal.

Nid yw mor hawdd canfod i ba raddau y byddai'r llyfrgell yn darparu ar gyfer 'anghenion gwragedd' fel y gofynnwyd amdanynt gan Miss Morris o Bwyllgor Llyfrgell y Sir ond roedd y rhai a ofalai am gyfleustra newydd y Stiwt yn amlwg wrth eu bodd gyda llwyddiant y lansio yn ôl yr hyn a welir yn *Herald y Rhos*:

> Ar ddiwedd y noson gyntaf anadlodd Mr Edwards ochenaid o ryddhad fel y rhoddodd y llyfrau cofrestru i'w cadw a llanwodd Mr Owen Williams ei getyn ac ymlacio yn ei gadair yn foddhaus. Ymlaciodd Mr T.W.Jones yntau wrth ei swydd blismona wrth y drws, ac roedd gwên o foddhad ar wyneb J.T.Edwards, y gweithiwr diflino, oherwydd llwyddiant y cynllun y bu mor flaenllaw yn ei sefydlu.

Oddi ar agor y Stiwt roedd cytundeb parod y dylai dewis eang o bapurau newydd fod ar gael. Ar y dechrau, Ann Jones, Bank St. (ar gost o £5 y chwarter) fyddai'n dod â chyflenwad ohonynt a gellid eu darllen neu eu prynu yn y Llyfrgell. Mae rhestr cyntaf y papurau yn ymddangos yn Llyfrau Cofnodion 6 Medi 1926 ac fe'i cyhoeddir isod:

Dyddiol: *Manchester Guardian, Daily News, Daily Post, Daily Mail, Daily Courier, The Times*

Wythnosol: *Dinesydd Cymreig, Y Brython, Y Faner, Y Darian, New leader, New Statesman, Nation (ataliwyd yn ddiweddarach), John Bull, Punch, Rhos Herald, Wrexham Leader, Wrexham Advertiser, Oswestry Advertiser, Children's Newspaper*

Committee, but the custodians of the Stiwt's new facility were clearly delighted with the success of the launch, as the *Herald* records:

> At the close of the first night Mr Edwards breathed a sigh of relief as he put away his registration books, and Mr Owen Williams filled his pipe and leaned back in his chair contentedly. Mr T.W. Jones relaxed his duties as policeman at the door, and Mr J.T. Edwards, the tireless one, beamed with satisfaction at the success of the scheme which he had such a large part in establishing.

Since the opening of the Stiwt there was ready agreement that a wide range of newspapers should be available. These were originally delivered by Ann Jones of Bank Street (at a cost of £5 per quarter) and could either be purchased or read in the library. This first newspaper list appears in the Minute Books of 6 September 1926 and is reproduced below:

> **Daily**: *Manchester Guardian, Daily News, Daily Post, Daily Mail, Daily Courier, The Times*
>
> **Weekly**: *Dinesydd Cymreig, Y Brython, Y Faner, Y Darian, New Leader, New Statesman, Nation (Later deleted), John Bull, Punch, Rhos Herald, Wrexham Leader, Wrexham Advertiser, Oswestry Advertiser, Children's Newspaper*
>
> **Monthly**: *The Welsh Outlook, The Musical Herald, The Socialist Review, Cymru, Cymru'r Plant*
>
> **Quarterly**: *Y Geninen a'r Efrydydd*

These titles encapsulate the flavour of Rhos at this time, where Welsh and English publications offered scholarly and mainstream news from a local and national perspective.

Although it is hard to calculate the extent of the Labour Movement in Rhos, we can also discern from the above titles a range of political opinion. In addition, the decision to place a copy of the *Daily Worker* in the library from 1950 does at least hint at the proletarian leanings common in much of Wales by this time.

By 1932, the Stiwt finally had the library it thought the public deserved. Within a generation Denbighshire County Council were paying £60 per year to use the facilities. A few years later, extra shelf space was agreed upon to support a proposed increase in the number of books from 4,000 to 10,000. All of this was a far cry from the struggle to gain Parish support and funding in the early days.

Misol: *The Welsh Outlook, The Musical Herald, The Socialist Review, Cyvmru, Cvmru Fydd*

Chwarterol: *Y Geninen a'r Efrydydd*

Mae'r teitlau hyn yn rhoi blas o'r Rhos inni mewn cyfnod lle roedd cyhoeddiadau Cymraeg a Saesneg yn cynnig prif newyddion a thrafodaethau ysgolheigaidd y dydd o safbwynt lleol a chenedlaethol.

Er ei bod hi'n anodd mesur pa mor rymus oedd y Mudiad Llafur yn y Rhos, gallwn weld o'r rhestr uchod amrediad eang o farn wleidyddol. Ar ben hyn, roedd y penderfyniad i osod copïau o'r *Daily Worker* yn y llyfrgell o 1950 ymlaen, o'r hyn lleiaf, yn awgrymu'r tueddiadau proletaraidd a oedd yn gyffredin ledled Cymru erbyn y cyfnod hwn.

Erbyn 1932, roedd gan y Stiwt, o'r diwedd, lyfrgell deilwng i bobl y Rhos. O fewn cenhedlaeth, roedd Cyngor Sir Ddinbych yn cyfrannu £60 y flwyddyn i ddefnyddio'r cyfleusterau. Ychydig o flynyddoedd wedyn, cytunwyd i ychwanegu mwy o silffoedd llyfrau er mwyn ymateb i'r awgrym y dylid cynyddu nifer y llyfrau o 4,000 i 10,000. Roedd byd o wahaniaeth rhwng hyn i gyd a'r frwydr i ddwyn perswâd ar y Cyngor Plwyf i gefnogi a chynnig nawdd yn y dyddiau cynnar.

Biliards, Snwcer, Gwyddbwyll a Draffts

Yn union fel roedd y llyfrgell yn ymestyn y deall, ceisiai'r gweithgareddau, a gynhelid yn yr ystafelloedd nesaf at y theatr ar y llawr gwaelod, hogi cyneddfau'r meddwl hefyd. Y prif un o'r rhain oedd biliards. Roedd yr ystafell filiards yn un bur helaeth yng nghefn yr adeilad ac roedd y fynedfa iddi drwy Ystafell y Stiward a oedd wedi'i lleoli'n ganolog.

Mae'r cynlluniau llawr ym 1924 a 1925 yn darparu ar gyfer ystafell filiards wedi'i dodrefnu'n llawn. Nid arbedwyd unrhyw gost, ac mewn pwyllgor a gynhaliwyd ar 14 Mai 1926, cytunwyd i brynu 'pedwar bwrdd biliards cyflawn

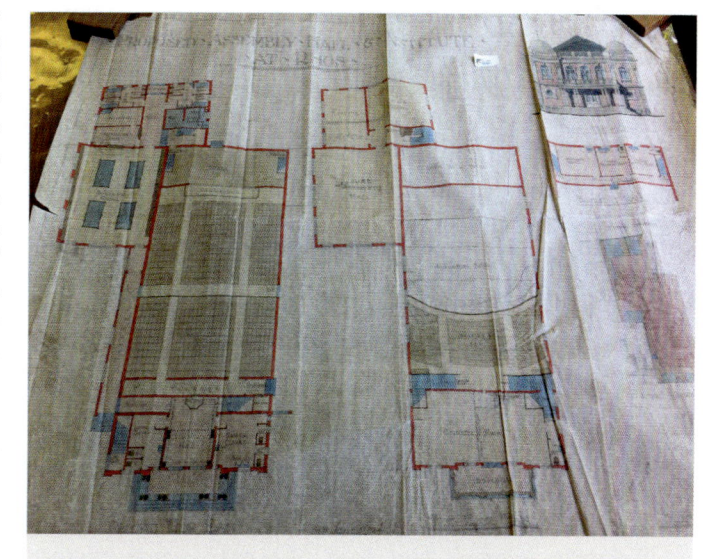

Cynlluniau llawr gwreiddiol y Stiwt

The original floor plans for the Stiwt.

Billiards, Snooker, Chess & Draughts

Just as the library expanded intellect, the activities which took place in the rooms adjacent to the ground floor theatre also sought to sharpen mental faculties. Chief among these was billiards. The Billiards Room took up an impressive space at the rear of the building, and access was gained via a centrally placed Stewards' Room.

The floor plans for 1924 and 1925 made provision for a fully-equipped Billiards Room. No expense was spared, with 'four magnificent full-size billiard tables with shaded lights' being agreed upon at a committee meeting on 14 May 1926. The firm chosen to carry out this work, Orme & Co. of Manchester, not only enjoyed royal patronage but were also the inventors of the 'Bottomless Rapid Pocket' for easy ball retrieval. The cost of £80 per table demonstrates the central importance of billiards to the Institute.

This cost is all the more remarkable as it was agreed just one day after the end of the General Strike. During this time, no work had been carried out at the Institute and prominent members of the Management Committee, J.T. foremost among them, had agreed to give up their weekly wages.

This main Billiards Room - with raised seats for an unimpeded view and space enough to accommodate 120 people - was reserved for the best of the local billiard and snooker talent. Lesser players were shunted off into an adjoining room. The first recorded game of billiards at the Institute was held on 27 September 1926. Four players competed: Rowland Bennett, Edward Williams, Tom Rogers and Ishmael Jones. Within a month, two stewards - Den 'Jonah' Jones and William Dafi Williams – were appointed on a weekly wage of 30s. Their role was to ensure professional conduct in the Billiards Room, as befitted the institutional principles of discipline and gentlemanly behaviour. Accordingly, children were to be well-behaved and accompanied by an adult, and strict silence was to be observed at all times.

By 1927, the Management Committee were paying a subscription fee of 10s to enter the Wrexham and District Billiards League. Players like Wil 'Ffliw' Jones, Watkin Dodd, Tal Read, Edward Bennett, Brinley Bennett, Emlyn Parry, Teddy 'Daff' Green and Emlyn 'Bala' Davies, carried all before them in 1929, winning the championship and establishing a run of victories that would last for the next 20 years.

Celebrity players like Tom Newman were invited to show off their skills in exhibition matches at the Stiwt. Newman was a six times world champion and nine times finalist in the 1920s. He came to the Stiwt at the height of his fame, in September 1927. His participation - and the packed room to which he played - reflected both the popularity of the game and the high esteem in which it was held.

gwych gyda goleuadau wedi eu cysgodi'. Y cwmni a ddewiswyd i wneud y gwaith oedd Orme & Co., Manceinion, cwmni a oedd nid yn unig yn mwynhau nawdd brenhinol ond a oedd hefyd wedi dyfeisio 'Poced Ddiwaelod Gyflym' i gael y peli yn ôl. Mae'r gost o £80 y bwrdd yn dangos lle mor ganolog a phwysig oedd i Filiards yn y Stiwt.

Mae'r gost yn fwy fyth o ryfeddod pan gofir bod y pwyllgor wedi cytuno arni ddiwrnod yn unig wedi diwedd y Streic Gyffredinol. Yn ystod y cyfnod hwn ni wnaed unrhyw waith yn y Stiwt ac roedd aelodau blaenllaw y Pwyllgor Rheoli, a J.T. y mwyaf blaenllaw ohonynt, wedi cytuno i hepgor eu cyflogau wythnosol.

Neilltuid y brif ystafell filiards - gyda'i seddi dyrchafedig fel y gellid gwylio'r cyfan yn ddirwystr ac ynddi le i 120 o bobl - ar gyfer hufen y talentau biliards a snwcer lleol. Roedd chwaraewyr llai dawnus yn cael eu gwthio i'r ystafell drws nesaf. Cynhaliwyd y gêm filiards gyntaf yn y Stiwt y cyfeirir ati ar 27 Medi 1926. Roedd pedwar chwaraewr yn cystadlu yn erbyn ei gilydd, sef Rowland Bennett, Edward Williams, Tom Rogers ac Ishmael Jones. O fewn mis, apwyntiwyd dau stiward - Den 'Jonah' Jones a William Dodd Williams - ar gyflog o 30s. Eu cyfrifoldeb oedd gofalu bod pawb yn ymddwyn yn broffesiynol yn yr Ystafell Filiards yn unol ag egwyddorion disgyblaeth ac ymddygiad boneddigaidd a nodwyd yng nghyfansoddiad y sefydliad. Felly, roedd disgwyl i blant ymddwyn yn ufudd a bod dan ofal oedolion, ac roedd rhaid i bawb gadw'n dawel bob amser.

Tîm Biliards hynod lwyddiannus y Rhos 1929
<u>Rhes gefn</u> *(chwith i'r dde): Wil 'Ffliw' Jones, Den 'Jonah' Jones, J.T.Edwards, Watkin Dodd. Tal Read, Edward Bennett.*
<u>Rhes flaen</u> *(chwith i'r dde): Brinley Bennett, Emlyn Parry, Teddy 'Daff' Green, Emlyn 'Bala' Davies.*

The hugely successful Rhos Billiards Team of 1929: Back Row (l-r): Wil 'Ffliw' Jones, Den 'Jonah' Jones, J.T. Edwards, Watkin Dodd, Tal Read, Edward Bennett. Front Row (l-r): Brinley Bennett, Emlyn Parry, Teddy 'Daff' Green, Emlyn 'Bala' Davies.

63. TIMAU SNWCER A BILIARDS RHOS/ RHOS SNOOKER AND BILLIARDS TEAMS, 1932

Rhes flaen/ Front row: Ted Evans, William Dafi Williams, Albert (King) Davies, Jos Jones, Harold Charlton, K MacNamara, Emlyn Smith Ail res/Second row: Bob Owen Hughes, John Ellis, Tommy Richards, Dennis Williams, Ceiriog Hughes, Teddy (Daff) Green, ?, Charle Bennett, John Jones, Pryce Griffiths, Daniel Jones (Jonah), Tom Stephen Davies. Rhes ol/Back row: Alfie Adams Jones, Oswald Bennett, Jo Dodd, Brynmor Jones, Twm Davies (Bala), Alun Dodd, Huw George Parry, Idris Evans (Talwrn).

Rhos Billiards and Snooker Teams 1932

Tîm snwcer a biliards 1932

By the 1930s snooker came to challenge billiards in the popularity stakes. Snooker had once been viewed as inferior to billiards due to the latter's more complex ruling system, fewer balls and an emphasis on break building (the aforementioned Tom Newman scored more than 30 breaks of 1000 in the 1930-31 season, and the legendary Tom Reece, in 1907, scored a world record break of 499,135). Like their billiards counterparts – many of whom also excelled at snooker – the Stiwt snooker team enjoyed much success in the 1930s and 1940s.

After the Snooker League was re-established following World War Two, representatives from the Stiwt celebrated many triumphs in the Wrexham and Liverpool leagues. In 1948 they reached the Open British Championship in Blackpool. By this time, the Stiwt had clearly established itself as a cradle of excellence, as witnessed by its ability to attract snooker's world champions. These included the Australian duo of Walter and Horace Lindrum and, closer to home, possibly the greatest snooker player of all time, Joe Davis, whose record of 15 world snooker championships is yet to be bettered.

Erbyn 1927, ceir y Pwyllgor Rheoli'n talu ffi tanysgrifiad o 10s ar gyfer ymaelodi'r tîm yng Nghynghrair Biliards Wrecsam a'r Cylch. Enillodd chwaraewyr fel Wil 'Ffliw' Jones, Watkin Dodd, Tal Read, Edward Bennett, Brinley Bennett, Emlyn Parry, Teddy 'Daff' Green ac Emlyn 'Bala' Davies bob gwobr bosibl ym 1929; gan ennill y bencampwriaeth a chwblhau rhediad o fuddugoliaethau a fyddai'n parhau am yr ugain mlynedd nesaf.

Estynnid gwahoddiad i chwaraewyr o fri fel Tom Newman i ddangos eu doniau mewn gemau arddangos yn y Stiwt. Roedd Newman wedi bod yn bencampwr byd chwe gwaith ac wedi ymddangos naw gwaith yn y rownd derfynol yn ystod y 1920au. Daeth i'r Stiwt pan oedd ar anterth ei fri, fis Medi 1927. Mae'r ffaith ei fod yn fodlon cymryd rhan - a bod yr ystafell dan ei sang - yn dangos pa mor boblogaidd oedd y gêm a'r parch a oedd iddi.

Erbyn 1930au daeth snwcer i herio biliards fel y gêm boblogaidd. Ar un adeg ystyrid snwcer yn israddol i filiards oherwydd system reoli fwy cymhleth yr olaf a'r ffaith fod llai o beli ar y bwrdd heb sôn am y pwyslais a roddid ar adeiladu cyfresi (sgoriodd y Tom Newman uchod fwy na 30 o gyfresi o 1,000 yn ystod tymor 1930-31 a sgoriodd yr enwog Tom Reece, ym 1907, gyfres record y byd o 499,135) Fel eu cyfeillion yn y tîm biliards - ac roedd llawer o'r rhain yn rhagori mewn snwcer hefyd - cafodd tîm snwcer y Stiwt gryn lwyddiant yn y 1930au a'r 1940au.

Ar ôl i'r Gynghrair Snwcer gael ei hailsefydlu ar ôl yr Ail Ryfel Byd, cafodd cynrychiolwyr y Stiwt sawl buddugoliaeth yng nghynghreiriau Wrecsam a Lerpwl. Ym 1948 cyrhaeddodd y tîm y Bencampwriaeth Agored Brydeinig yn Blackpool. Bellach roedd yn amlwg bod y Stiwt wedi ei sefydlu ei hun fel crud i feithrin rhagoriaeth ac roedd y ffaith fod pencampwyr byd snwcer yn cael eu denu yno yn profi hyn. Ymhlith y rhain ceir y ddau bencampwr o Awstralia, Walter a Horace Lindrum ac, yn nes adref, y chwaraewr snwcer gorau erioed, Joe Davis a, hyd yn hyn, nid oes neb wedi curo ei record o ennill 15 pencampwriaeth byd.

Gwyddbwyll a Draffts

Roedd biliards a snwcer yn cyflawni'r union amodau a geid yn rheolau'r Institiwt, sef mai 'gemau yn gofyn sgiliau' oedd i'w chwarae yn yr adeilad. Roedd gemau bwrdd hefyd yn ateb gofynion yr amodau hyn, yn arbennig gwyddbwyll a draffts. Roedd y cynlluniau gwreiddiol wedi neilltuo Ystafell Chwaraeon penodol ar y llawr gwaelod ond, fel yn achos ystafell y Stiwardiaid, rhoddwyd y syniad hwn o'r neilltu er mwyn gwneud lle i fwy o fyrddau biliards a snwcer.

Fel cyfaddawd, fis Hydref 1928, cafodd y Clwb Gwyddbwyll hawl i ddefnyddio'r gegin ar y llawr cyntaf fel man cyfarfod, deirgwaith yr wythnos. Roedd byrddau gwyddbwyll a draffts hefyd ar gael mewn rhagystafell a arweiniai at y llyfrgell, digon pell o hwrli bwrli'r brif theatr. Yma gallai chwaraewr fyfyrio uwchben ei symudiad nesaf a hogi ei strategaeth mewn heddwch.

Fel mewn chwaraeon eraill, roedd y Rhos yn rhagori mewn cynhyrchu pencampwyr Gwyddbwyll a Draffts. Chwaraeai tîm gwyddbwyll y Rhos eu gemau cynghrair cartref yn

Chess and Draughts

Billiards and snooker suitably fulfilled the stipulation, laid down in the Institute rules, that only 'games of skill' should be played on the premises. Also satisfying this remit were board games, notably chess and draughts. The original plans made provision for a dedicated Games Room on the ground floor but, like the Stewards' Room, this idea seems to have been jettisoned in favour of more room for tables to accommodate billiards and snooker.

As a compromise, in October 1926 the Chess Club was granted permission to use the first floor kitchen as a meeting place three days a week. Chess and draughts tables were also situated in an ante-room leading into the library on the first floor, away from the hustle and bustle of the main theatre. Here a player could contemplate his next move and hone his strategies in peace.

As in other sports, Rhos excelled in producing champions in chess and draughts. The Rhos Chess team, who played their home league games at the Stiwt from 1927, won the North Wales Chess Association trophy several times during the inter-war period. This prestigious silver trophy, in the form of a rook, had been donated in 1922 by the Wrexham brewer and keen chess player, F.W. Soames, to commemorate the re-establishment of the league after World War One.

The reputation of the Rhos players was such that world champions readily accepted invitations to play exhibition matches against them. One such opponent was the Polish World Champion, Grandmaster, and Olympic medal winner, Akiba Rubenstein. Despite his impressive titles, in 1925 he could not produce a winning display against Tom Bennett, captain of the Rhos team. Other world champions, like George Kaltonowski – who made headlines in 1937 by playing 34 simultaneous games of chess while blindfolded – similarly fell by the wayside, this time to Llew Green of Rhos.

These men, and many others, appear on the ornate 'Pioneers of Chess in Rhos' plaque, which commemorates Rhos' favourite chess sons from 1870 onwards. The plaque was commissioned in 1948 upon the death of I.D. Hooson, the solicitor, poet and long-standing Chess Club President. He was born in Market Street and gives his name to the local Welsh primary school. Other famous names, like that of Richard Mills, founder of both the *Rhos Herald* and the Rhos Chess Club, appear here alongside current members of the 1948 team: Llew Green, Simon Williams, Stanley Pritchard, Tal Read, T.E. Jones, Fred Mills, Tom Bennett and E.T. Williams.

y Stiwt o 1927 ymlaen, gan ennill tlws Cymdeithas Gwyddbwyll Gogledd Cymru droeon yn ystod y cyfnod rhwng y ddau ryfel byd. Roedd y Tlws Arian clodfawr hwn, ar ffurf darn castell y gêm gwyddbwyll, wedi cael ei gyflwyno gan y bragwr a'r chwaraewr gwyddbwyll brwd, F.W.Soames, ym 1922, i nodi ailsefydlu'r gynghrair ar ôl y Rhyfel Byd Cyntaf.

Tîm Gwyddbwyll anorchfygol y Rhos yn y 1920au, gyda F.W.Soames yn eistedd y tu ôl i'r tlws

The all-conquering Rhos Chess Club of the 1920s, with F.W. Soames seated just behind the trophy

Gymaint oedd enwogrwydd chwaraewyr y Rhos fel bod pencampwyr byd yn fwy na pharod i dderbyn gwahoddiad i chwarae gemau arddangos yn eu herbyn. Un o'r rhain oedd y Pencampwr Byd o wlad Pwyl, Prif-feistr ac enillydd medal Olympaidd, Akiba Rubenstein. Serch ei holl deitlau trawiadol, ni lwyddodd i guro Tom Bennett, capten tîm y Rhos, ym 1925. Aeth nifer o bencampwyr byd eraill i'r gors, fel George Kaltonowski - a gyrhaeddodd y tudalennau blaen ym 1937 pan chwaraeodd 34 o gemau gwyddbwyll ar yr un pryd â mwgwd dros ei lygaid - y tro hwn, yn erbyn Llew Green.

Mae enwau'r dynion hyn, a sawl un arall, yn ymddangos ar gofeb addurnedig 'Arloeswyr Gwyddbwyll yn y Rhos', sy'n coffáu anwyliaid gwyddbwyll y Rhos o 1870 ymlaen. Comisiynwyd y gofeb ym 1948 pan fu farw I.D.Hooson, y bardd- gyfreithiwr a Llywydd tymor hir Clwb Gwyddbwyll y Rhos. Fe'i ganed yn Stryt y Farchnad ac mae ysgol gynradd Gymraeg y pentref yn dwyn ei enw. Mae enwau enwogion eraill, fel Richard Mills, sefydlydd *Herald y' Rhos* a Chlwb Gwyddbwyll y Rhos, yn ymddangos yma ochr yn ochr â chwaraewyr tîm 1948: Llew Green, Simon Williams, Stanley Pritchard, Tal Read, T.E.Jones, Fred Mills, Tom Bennett ac E.T.Williams.

PIONEERS of CHESS in RHOS
1870 – 1948

Richard Mills	I. D. Hooson	O. Mills
George Saint	Powell Edwards	John Johnson
Wm. Jones (Tailor)	G. S. Price	E. Jones
Ald. J. T. Edwards	J. A. Hughes, Barr.	T. Edwards
Dr. G. F. Jones	W. Edward Price	Gwilym Griffiths
Charles Simpson	Edward Luke	T. E. Jones, B.A.
Stanl. Roberts, M.A.	Emmanel Williams	R. Williams (Bobby)
Mrs. Dr. J. C. Davies	J. Williams (Bobby)	Roland Bennett
William Holt	R. W. Hughes	William Griffiths
S. Anderson Duce	Llew. Phillips	W. Williams
J. Daniel Jones	O. Edgar Hughes	J. Hughes
G. M. Griffiths	G. T. Williams	T. W. Jones (Ruabon)

RHOS M.W.I. CHESS CLUB 1948
CHAIRMAN — **VICE-CHAIRMAN** — **TREASURER**

I. D. Hooson	John Johnson	Llew Green
Tal Read	Stan. Pritchard	J. A. Williams
T. Williams	F. W. Mills	O. Mills
J. C. Davies	H. Jones	Dan Rowlands
Dave Stenhouse	J. P. Hughes	W. Phillips
R. Davies	Oswald Roberts	William Charles
J. Lloyd Jones	Cliff Roberts	W. Thompson Ellis
Walter Williams	Alf. Edwards	Ernest Woolley
Idris Phillips	G. Smith	L. Davies
Ed. Williams	R. Ellis	H. Jones
Simon Williams	R. Harold Duce	Fred Williams (Tudno)

Rhos' Chess Pioneers

Arloeswyr Gwyddbwyll yn y Rhos

Roedd draffts hefyd yn gêm arall y rhagorai aelodau'r Stiwt ynddi a chwaraeid y rhan fwyaf o'r gêmau yn yr ystafelloedd cynnull ar y llawr cyntaf a wasanaethai hefyd fel ystafelloedd chwaraeon. Ymhlith enwau nodedig ceir Joe Charles, Pencampwr Gosod Problemau'r Byd; chwaraeodd i dîm Prydain Fawr mewn Cystadlaethau Gohebu a chyhoeddodd dros 3,000 o broblemau yn Ewrop ac America. Cyhoeddwyd fersiynau o'r problemau hyn wedi eu symleiddio, ym mhapur bro Cymraeg y Rhos, *Nene,* hyd nes i Joe Charles farw ym 1989. Roedd ei frawd, Bob, hefyd yn chwaraewr dawnus, a chyrhaeddodd rownd gynderfynol Pencampwriaeth Lloegr yn y 1930au, cyn iddo gael ei ladd ar faes y gad yn yr Ail Ryfel Byd. Chwaraeai tîm draffts y Stiwt yng Nghynghrair Swydd Gaer, lle y teyrnasai chwaraewyr fel Ted Evans, Jarius Jones, Wilfred Davies - yn ogystal â Joe Charles ei hunan - yn anorchfygol gydol y cyfnod rhwng y ddau Ryfel Byd.

Yr enwog Joe Charles (sefyll chwith) yn cyflwyno gwobrau darllen yn Llyfrgell y Rhos.

The great Joe Charles (standing left) presenting reading awards at Rhos Library.

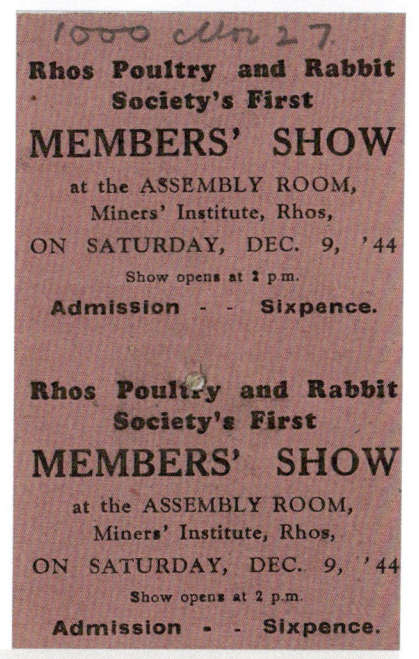

Detholiad o gardiau sy'n rhoi cipolwg o'r holl weithgareddau amrywiol a gynhelid yn y Stiwt

Selection of cards which give an insight into the diverse activities carried out at the Stiwt

Draughts was yet another game in which Stiwt members excelled, with the majority of matches taking place in the first floor assembly rooms, which also doubled up as games rooms. Notable players included Joe Charles, the World Champion Draughts Problemist who played for Great Britain in Correspondence Competitions and published over 3,000 problems in Europe and America. Simplified versions of these conundrums appeared in Rhos' own Welsh language newspaper, *Nene*, until Charles' death in 1989. His brother Bob also possessed a great talent for draughts, having reached the semi-finals of the English Championship in the 1930s before his death in action in World War Two. The Stiwt's draughts team played in the Cheshire League where players such as Ted Evans, Jarius Jones, Wilfred Davies – as well as Joe Charles himself – reigned supreme during the inter-war period.

The Ponciau Banks Recreation Scheme

The Ponciau Banks have shared a close association with the Stiwt and coal mining history in the area since the late seventeenth century. Extending almost eighteen acres behind the Stiwt, this area, with its coal pits and stone quarries, supplied John Wilkinson's famous Bersham furnace in the eighteenth century. It also provided the construction materials for some of Rhos' oldest chapels and houses.

Although largely abandoned in favour of other local mines at the start of the twentieth century, the Ponciau Banks experienced something of a Renaissance in the 1920s, when unemployed or striking miners opened up the old seams. Indeed, the *Rhos Herald*, in 1921, reported on a 'tremendous run on Mangles at the sale room in Wrexham' – these implements being used as makeshift lifting gear.

By the 1930s, however, the Banks had fallen into disrepair. The old workings were reportedly being used as a rubbish tip. The *Wrexham Advertiser* was unequivocal in its criticism of this once-thriving hub of industry, describing it as 'a disgrace to modern civilisation' in March 1932.

Within a month of this condemnation though, a new era dawned. H. Dyke Dennis, owner of Hafod colliery, agreed to sell the Ponciau Banks to the Stiwt who, as long-term associates of Dennis, would receive it at a price below market value. Once more the indefatigable J.T. Edwards came to the fore, securing a grant of £505 from the Wrexham Miners' Welfare Committee to purchase the site and fence it off. Funds were also required for necessary tools and equipment, and under the slogan 'your money or your labour', J.T. successfully galvanised the local community. Benefactors came forward in force and the full subscriber lists appeared in the *Rhos Herald* on 16 July (see Appendix).

Cynllun Adnewyddu'r Ponciau

Bu cysylltiad agos rhwng llethrau'r Ponciau, y Stiwt, a hanes cloddio am lo yn yr ardal oddi ar ddiwedd yr ail ganrif ar bymtheg. Mae'r tir yn ymestyn dros 18 o aceri y tu ôl i'r Stiwt, a phyllau glo a chwareli'r Ponciau fyddai'n cyflenwi ffwrneisi enwog John Wilkinson yn y ddeunawfed ganrif. O chwareli'r Ponciau hefyd y cloddid meini ar gyfer codi capeli a thai hynaf y Rhos.

Er i'r diwydiant glo gefnu ar y safle a symud i byllau glo lleol eraill ar ddechrau'r ugeinfed ganrif, cafodd llethrau'r Ponciau ryw lun o Ddadeni yn y 1920au, pan ailagorodd glowyr di-waith neu weithwyr ar streic, yr hen wythiennau glo. Yn wir, ceir adroddiad yn *Herald y Rhos* 1921 fod 'mynd mawr ar y mangls yn ystafelloedd arwerthu Wrecsam' - sef yr offer dros dro a ddefnyddid yn y pyllau bach hyn fel gêr weindio i laesu a chodi'r glowyr i lawr ac i fyny'r siafft a chodi'r glo i'r lan.

Darlun o aelodau teulu Gilpin ar y Ponciau ger Stryt y Dug. Roedd y gêr weindio dros dro a welir yn y llun yn olygfa gyffredin yn ystod cyfnod y Dirwasgiad

Members of the Gilpin family pictured on the Banks off Duke Road. The makeshift winding gear shown here was common during the Depression era

Erbyn y 1930au, fodd bynnag, roedd safle'r Ponciau wedi mynd â'i ben iddo. Defnyddid yr hen byllau a'r chwareli fel tomennydd sbwriel. Ym 1932, beirniadodd y *Wrexham Advertiser* yn ddiflewyn ar dafod y safle a fu, ar un adeg, yn ganolbwynt llewyrchus diwydiant, gan ei ddisgrifio fel 'gwarth i wareiddiad modern'.

O fewn mis i'r feirniadaeth, serch hynny, gwawriodd cyfnod newydd. Cytunodd H.Dyke Dennis, perchennog Gwaith Glo'r Hafod, i werthu tir y Ponciau i'r Stiwt ac, oherwydd y berthynas agos rhwng Dennis a'r Stiwt dros y blynyddoedd, cynigiwyd y tir am bris llawer is na phris y farchnad. Unwaith eto, roedd y gŵr diflino, J.T. Edwards, ar flaen yr ymgyrch, trwy gael £500 gan Bwyllgor Lles y Glowyr i sicrhau'r safle a chodi ffens o'i gwmpas. Roedd angen arian hefyd ar gyfer prynu celfi ac offer ac o dan y slogan 'eich arian neu eich llafur' llwyddodd J.T. i sbarduno'r gymdeithas leol i weithredu. Daeth llu o noddwyr i'r adwy ac ymddangosodd rhestr gyflawn o danysgrifwyr yn *Herald y Rhos* ar 16 Gorffennaf (gweler Atodiad).

With the initial funds in place, J.T. Edwards was beginning to achieve a long-held ambition, which, as he explained to the AGM of 1928, was to see outdoor recreation as a feature of the Stiwt's community provision. Again, we see the way in which the Stiwt placed itself at the very heart of community affairs. Work could now begin on beautifying the land.

The clearing of the Ponciau Banks was an enormous task. Help was at hand though as the Stiwt embarked upon a scheme that would embrace a world community through the auspices of the *Service Civil International* (SCI). This organisation, founded as a peace movement by the Swiss pacifist Pierre Ceresole, brought together students from all over Europe for voluntary community projects. The first of these projects in Britain had taken place in 1931, when SCI volunteers built the Lido at Brynmawr in Gwent. It wasn't long before the organisers of this venture, Kitty Lewis and George M. Ll. Davies, were invited to Rhos as guests of the Stiwt.

Agreement was soon reached on a student project centred on the clearing of the Ponciau Banks. It is clear from the records, however, that the initial clearance work was being carried out by local volunteers. The first sod was cut on 13 June 1932 and a few days later, J.T. Edwards could be found 'on the spot in his shirtsleeves and as busy as a bee' overseeing the clearance work of skilled miners, many of them on their 'play day' away from the Hafod Pit. They were supported by unemployed locals whose dedication to their unpaid labour was lauded by J.T. and helped to dispel the myth that 'the unemployed did not want work'. Also helping out were luminaries like I.D. Hooson, the local poet, and the Reverend J. Powell Griffiths, scholar, linguist, teacher and Pastor of Mount Pleasant Chapel. Unlike the tireless Reverend, Hooson felt only able to hold a tape measure as 'Providence had not thought fit to endow him with very strong muscles or a very broad back'.

Miners and children helping the cause. J.T. Edwards (front, left) 'busy as a bee'

Glowyr a phlant ysgol yn helpu'r achos. Gwelir J.T.Edwards (ar y chwith ar flaen y llun) cyn brysured â chynffon oen bach

In July 1932, the *Rhos Herald* reports the arrival of the first batch of students from Europe. Working in teams of 40 for three weeks at a time, their role was to 'transform by the aid of pick and shovel the unequal banks'. These willing workers

Oherwydd bod y gronfa gychwynnol wedi'i sefydlu, roedd J.T.Edwards yn cyflawni uchelgais a fu ganddo ers amser maith, sef, fel yr eglurodd yng Nghyfarfod Cyffredinol Blynyddol 1928, ei fod am weld adloniant awyr agored yn rhan o'r hyn roedd y Stiwt yn ei ddarparu ar gyfer y gymuned. Unwaith eto, gwelwn fel y mynnai'r Stiwt le canolog yng nghuriad calon materion y gymuned. Gellid bellach ddechrau ar y gwaith o harddu'r safle.

Roedd tacluso'r Ponciau'n dasg enfawr. Roedd cymorth wrth law, fodd bynnag, pan ddaeth y Stiwt yn rhan o gynllun a oedd, dan nawdd *Service Civil International (SCI)*, yn cwmpasu'r byd yn gyfan. Roedd y sefydliad hwn, wedi ei ffurfio fel mudiad heddwch gan yr heddychwr o'r Swistir, Pierre Ceresole, a'r bwriad oedd dod â myfyrwyr o bob rhan o Ewrop at ei gilydd i weithio ar brosiectau cymunedol gwirfoddol. Roedd y prosiect cyntaf o'i fath wedi digwydd ym *1931*, pan adeiladodd gwirfoddolwyr *SCI* Lido ym Mrynmawr, Gwent. Ni fu'n hir cyn bod trefnwyr y fenter hon, Kitty Lewis a George M. Ll. Davies, yn derbyn gwahoddiad i ymweld â'r Rhos fel gwesteion y Stiwt.

Myfyrwyr a gweithwyr ar y Ponciau, 1932

Students and workmen on the Ponciau Banks, 1932

Yn fuan fawn cytunwyd fod prosiect y myfyrwyr yn canolbwyntio ar glirio'r Ponciau. Mae'n amlwg o'r cofnodion, fodd bynnag, mai gwirfoddolwyr lleol a wnaeth y gwaith turio ar y dechrau. Torrwyd y dywarchen gyntaf ar 13 Mehefin 1932 ac ychydig o ddyddiau'n ddiweddarach ceir J.T.Edwards 'ar y safle yn llewys ei grys mor brysur â chynffon oen bach' yn arolygu'r gwaith clirio a wnaed gan lowyr medrus, llawer ohonyn nhw ar eu 'diwrnod chwarae' o Lofa'r Hafod. Byddai pobl leol di-waith yn eu cefnogi a thalwyd teyrnged i'w llafur di-dâl gan J.T., gan roi'r farwol i'r myth nad oedd ar y 'di-waith eisiau gwaith'. Hefyd yn cynnig help llaw ceid pwysigion fel I.D.Hooson, y bardd lleol a'r Parchg. J. Powell Griffiths, ysgolhaig, hyfforddwr, ieithydd a gweinidog Capel *Mount Pleasant*. Yn wahanol i'r Parchedig dygn, pa un bynnag, teimlai Hooson mai ei unig gyfraniad ef fyddai dal tâp mesur gan nad oedd 'Rhagluniaeth wedi ei gweld hi'n gymwys i'w fendithio â chyhyrau cryfion iawn na chefn llydan'.

Fis Gorffennaf 1932 mae *Herald y Rhos* yn cyhoeddi fod carfan gyntaf y myfyrwyr wedi cyrraedd o Ewrop. Gan weithio mewn timau o 40 dros gyfnod o dair wythnos, eu rôl oedd 'trawsnewid y bonciau anwastad ar y llethrau'r gyda chaib a rhaw'. Roedd y gweithwyr awyddus hyn wedi teithio'n bell iawn i fod yn rhan o'r prosiect a oedd wedi'i lunio, yng ngeiriau Kitty Lewis, 'i feithrin dealltwriaeth well rhwng pobl y byd yn y gobaith y byddai'n rhwystro rhyfeloedd yn y dyfodol'. Roedd y gwirfoddolwyr yn cynnwys un o Lithiwania, Pulgis Andrusevlcus o Brifysgol Kovno, a oedd wedi croesi'r Baltig ar long gargo gyda'i ffrind Juozas Raustis. Yn eu plith hefyd roedd myfyrwraig o'r Swistir a phan awgrymwyd wrthi

travelled great distances to participate in an enterprise which, in the words of Kitty Lewis, was designed 'to bring about a better understanding between the peoples of the world, and so prevent future wars'. One of these students was a Lithuanian named Pulgis Andrusevlcus, from Kovno University, who'd crossed the Baltic on a tramp steamer with his friend Juozas Raustis. Also present was a Swiss student who, when advised to ease his blisters by taking up a lighter tool than a pick, replied 'what matter about the blisters. Think of the bliss!'. The attraction of undergoing such hardship for the greater good was summed up by a student member of the new German Youth Movement, whose motivation for being miles from home was simply to capture 'the spirit of getting together, working together and singing together'.

y dylai chwilio am waith ysgafnach na thrin caib atebodd 'beth yw'r ots am y swigod. Imi, dyma beth ydy gwynfyd'. Crynhoir atyniad y gwaith caled hwn a'r ymdrech i ddylanwadu er gwell, gan fyfyriwr a oedd yn aelod o'r sefydliad newydd-anedig Mudiad Ieuenctid yr Almaen, pan esboniodd mai'r hyn a'i symbylodd i weithio filltiroedd oddi cartref oedd, yn syml, i brofi 'ysbryd uno, cydweithio a chydganu'.

Yn wahanol i'r gwirfoddolwyr di-dâl lleol a dderbyniai ddim ond 'sigarèts ac ambell botelaid o ddiod feddal' fel diolch, byddai'r myfyrwyr yn cael gofalu amdanynt yn bur dda. Diolch i haelioni Cymdeithas y Ffrindiau a Chymdeithas Mudiad y Myfyrwyr, roedd £500 ar gael i ddarparu dau bryd y dydd iddynt (ac eithrio dydd Sul) yn Neuadd Gynnull y Stiwt a chaent lety yn nghartrefi'r ardal. Roedd y croeso cymunedol hwn yn golygu y gallai J.T.Edwards fod yn bur hyderus mai dim ond ychydig o ferched o blith y myfyrwyr fyddai eu hangen i 'ofalu am y prydau bwyd'.

Roedd y rhaglen a drefnwyd i'w croesawu i'r Rhos yn cynnwys Cymanfa Ganu ar y Ponciau, dan arweiniad y Dr. Caradog Roberts a Band Arian y Rhos a Band Byddin yr Iachawdwriaeth y Rhos yn cyfeilio. Daw cyffro'r achlysur yn amlwg yn ôl maint y gynulleidfa a ymunodd yn y sbloets mawreddog hwn - cyfanswm syfrdanol o 5,000 o bobl.

Anfoneb am y perthi i'w plannu ar y Ponciau

Invoice for the purchase of shrubs for the Banks

(Ar y dudalen gyferbyn): *Myfyrwyr Cynghrair y Cenhedloedd, glowyr allan o waith, a gwirfoddolwyr lleol, yn dod at ei gilydd ar y Ponciau gydag aelodau o'r Clwb Rotari*

(On opposite page): A 'League of Nations': students, unemployed miners and local volunteers gather on the Ponciau Banks with members of the Rotary Club

Unlike the unpaid local volunteers, whose only material rewards were 'cigarettes and a few bottles of mineral water', the students were relatively well looked after. Thanks to the generosity of the Society of Friends and the Student Movement Association, a fund of £500 was made available to provide two meals a day (except for Sunday!) in the Institute's Assembly Rooms, and billeting in houses of the parish. This community largesse meant J.T. Edwards could be confident that only a few female students were required to 'look after the meals'!

The students' welcome to Rhos included a Cymanfa Ganu on the Ponciau Banks led by Dr Caradog Roberts and accompanied by the Rhos Silver Band and the Band of the Rhos Salvation Army. The sense of occasion was clear from the size of the crowd attending this spectacular event; an astonishing 5,000 people.

Lord Maelor, Secretary of the Stiwt's Entertainments Committee, witnessed the start of the Banks' clearance. In his autobiography, *Fel Hyn y bu*, he describes a vivid scene of industry and cross-border co-operation:

> hundreds of unemployed colliers could be seen working alongside the students ...moving the earth and shale. Rails and trams were loaned from Hafod to help shift the mounds of earth and everyone worked diligently from dawn to dusk for a period of three months.

By the time the students began to return home in September 1932, it was reported that 'the tennis court and bowling green [were] nearly completed'. Work continued and, in the spring of 1933, J.T. Edwards planted the first of many trees on Ponciau Banks. Also present on that occasion was Ernest Bevin, one of the founders of the Transport and General Workers Union, whose own belief in Internationalism and the European Union was perfectly aligned with the spirit of those people who made the Ponciau Banks a reality.

The significance of the Ponciau Banks enterprise also drew other famous faces. Megan Lloyd George, or 'Miss Megan' as she was affectionately known, visited Rhos in May 1934. As the first female MP to hold a seat in Wales, winning Anglesey in 1929, and the rising star of a Liberal Party re-invigorated by her father's wartime and welfare policies, she was assured a warm welcome. Having 'motored down from Criccieth ... accompanied by her old nurse and the family gardener's wife', she was met at the Institute by J.T. Edwards, Joseph Davies and T.W. Jones. A tour of the Banks was followed by the obligatory planting of trees where, it was reported, 'she handled the spade expertly saying: "This is not the first time I've wielded the spade. I am a farmer's daughter you know!".' Following a celebratory concert of 'all Rhos talent' held in her honour, she addressed the assembled audience in Welsh, congratulating the people of Rhos on not losing their heritage or their language to the nearby 'Monster of the Dyke'. With a partisan audience hanging on her every word, she recalled the destruction she'd witnessed on a recent battlefield tour of Europe, but:

Roedd yr Arglwydd Maelor, ysgrifennydd Pwyllgor Adloniant y Stiwt, yn dyst pan ddechreuodd y gwaith turio ar y Ponciau. Yn ei hunangofiant, *Fel Hyn y Bu*, mae'n disgrifio'n fyw iawn yr olygfa o gydweithio a chydweithredu a oedd yn estyn dwylo dros ffiniau'r gwledydd:

> Gwelwyd cannoedd o lowyr di-waith gyda'r myfyrwyr rhwng y bonciau baw...yn symud y pridd a'r siâl. Cafwyd benthyg rêls a thramiau o lofa'r Hafod i symud y tomennydd pridd a buont wrthi'n ddyfal bob dydd o godiad haul hyd ei fachlud am gyfnod o dri mis.

Pan ddaeth hi'n amser i'r myfyrwyr ddechrau dychwelyd adref ym Medi 1932, cyhoeddwyd bod 'y cwrt tennis a'r grîn fowlio bron â chael eu cwblhau'. Aeth y gwaith rhagddo ac, yng ngwanwyn 1933, ceir J.T.Edwards yn plannu'r pren cyntaf ar y Ponciau - y cyntaf o nifer fawr. Hefyd yn bresennol ar yr achlysur hwnnw roedd Ernest Bevin, un o sefydlwyr Undeb y Gweithwyr Trafnidiol a Chyffredinol, ac roedd ei syniadau ef ar ryng-genedlaetholdeb a'r Undeb Ewropeaidd yn cydweddu'n berffaith ag ysbryd y bobl hynny a wnaeth freuddwyd y Ponciau'n realiti.

Roedd arwyddocâd menter y Ponciau yn denu enwogion eraill. Ymwelodd Megan Lloyd George, neu 'Miss Megan' fel y'i hadwaenid, â'r Rhos fis Mai 1934. Roedd hi'n saff o gael derbyniad gwresog gan mai hi oedd AS benywaidd cyntaf Cymru, ar ôl iddi ennill Sir Fôn ym 1929, ac oherwydd ei bod hefyd yn seren ar ei chynnydd yn y Blaid Ryddfrydol, a oedd wedi cael bywyd newydd yn sgil polisïau lles ei thad a'i arweiniad yn ystod y rhyfel. Ar ôl 'moduro i lawr o Gricieth gyda'i hen nyrs a gwraig garddwr y teulu yn gwmni' roedd J.T.Edwards, Joseph Davies a T.W. Jones yn y Stiwt yn aros i'w chroesawu.

Pobl bwysig, yn cynnwys Ernest Bevin (ar y dde, pen pellaf) yn seremoni gyntaf `Plannu ar y Ponciau'

Dignitaries, including Ernest Bevin (far right) at the inaugural 'planting of the Banks'

Dilynwyd hyn gan daith gerdded o gwmpas y Ponciau, ac yna'r ddefod orfodol o blannu coed, pryd y dywedir iddi 'drin y rhaw yn deheuig dros ben, gan ddweud: *"Ddim dyma'r tro cyntaf imi afael mewn rhaw. 'Dw i'n ferch i ffarmwr, cofiwch !"'*. Yn dilyn y cyngerdd dathlu a drefnwyd i'w hanrhydeddu, a oedd yn cynnwys 'holl ddoniau'r Rhos', cododd i annerch y gynulleidfa yn Gymraeg, gan longyfarch pobl y Rhos ar beidio â cholli eu treftadaeth na'u hiaith dan fygythiad y 'Bwystfil dros Glawdd Offa' gerllaw. Gyda chynulleidfa bleidgar yn clustfeinio ar bob gair, soniodd am y distryw y bu hi'n dyst iddo'n ddiweddar, pan fu ar daith o gwmpas meysydd y gad yn Ewrop ond:

I tour the Ponciau Banks and what do I see? I see here the League of Nations ideal at work. Not destruction, but creation. Not ruin, but planned construction. Not chaos, but beauty. Not a wilderness, but a garden which blossomed as the Rose.

Megan Lloyd George understood the importance of the Ponciau Banks Scheme, not only as a place of recreation but also as a symbol of hope in Rhos and a 'memorial to those suffering from the depression of long years'.

May 1934 also saw another huge crowd gather to witness the royal opening of the playing fields on the Banks by the Prince of Wales, the future Edward VIII. The pictures from that day, with the thronged, happy masses waving their Union Jack flags, convey the strong sense of communal enthusiasm that was encouraged through this scheme. Indeed, the celebratory atmosphere seems to have affected the normally reticent Prince, who reportedly told J.T. Edwards, 'If I happened to live near Rhos, I would have been proud to give you a hand with pick, shovel and barrow'. As it was, he limited himself to his official role, which was to lay the first turf for a new football pitch. This would, in time, become the home of Rhos Aelwyd FC, formed in 1943.

Megan Lloyd George (centre) and assembled dignitaries

Megan Lloyd George (yn y canol) a phobl bwysig yr ardal o'i chwmpas

The constant need for money to maintain and develop the grounds was a problem that no amount of public goodwill alone could easily solve. In 1937 the Parish Council's involvement in the project ended, and the Stiwt took full control, now styling itself as 'The Rhos Mineworkers' Institute and Recreation Ground'.

J.T. Edwards lost no time in appealing for funds by means of an open letter published in the *Rhos Herald* in February 1937. This letter encapsulates the Stiwt's sometimes contradictory operation, which combined broad community appeal with hard-nosed business rationale. It was proposed that the miners of Hafod and Bersham, the two collieries with closest ties to the Stiwt, should pay 1d per week for the ground's upkeep. Employed miners from further afield could elect to pay roughly the same, whereas unemployed or retired miners would pay significantly less. As J.T. made clear:

Rydw i'n crwydro o gwmpas y Ponciau a beth ydw i'n ei weld'? Rydw i'n gweld delfryd Cynghrair y Cenhedloedd ar waith. Nid distrywio ond creu. Nid adfeilion ond gwaith adeiladu wedi'i gynllunio'n ofalus. Nid anhrefn ond harddwch. Nid anialwch ond gardd a flodeuodd fel y Rhosyn.

Roedd Megan Lloyd George yn deall pwysigrwydd Cynllun y Ponciau, nid yn unig fel man gafodd ei adfywio ond hefyd fel symbol o obaith yn y Rhos a 'chofeb i'r rhai a fu'n dioddef effeithiau'r Dirwasgiad dros flynyddoedd meithion'.

Unwaith eto, ym mis Mai 1934, daeth tyrfa fawr arall i weld Tywysog Cymru, Edward VIII yn ddiweddarach, yn agor y meysydd chwarae ar y Ponciau. Mae'r lluniau a dynnwyd y diwrnod hwnnw o'r dorf hapus a heidiodd ar y Ponciau i chwifio eu baneri Jac yr Undeb yn cyfleu'r ymdeimlad cymunedol brwd a ddaeth i fod oherwydd y cynllun. Yn wir, mae'n ymddangos bod y naws ddathliadol wedi effeithio ar y Tywysog, a oedd fel arfer mor dawedog, pan ddywedodd wrth J.T.Edwards, yn ôl pob sôn, 'Petawn i'n digwydd byw yn ymyl y Rhos, mi faswn i'n falch o gynnig help llaw i chi gyda chaib, rhaw a berfa'. Fel oedd pethau, cyfyngodd ei hunan i'w rôl swyddogol, sef gosod y dywarchen gyntaf ar y cae pêl-droed. Byddai'r cae, maes o law, yn dod yn gartref i Dîm Pêl-droed Aelwyd y Rhos, a ffurfiwyd yn 1943.

Coflech ar Barc y Ponciau ac arni'r gair PAX, 1932

Stone Memorial on the Ponciau Banks inscribed 'PAX 1932'

Roedd yr angen cyson am arian i gynnal a datblygu'r tir yn broblem y tu hwnt i'r hyn y gallai unrhyw ewyllys da cyhoeddus ei ddatrys yn rhwydd. Ym 1937, daeth y cysylltiad rhwng y Cyngor Plwyf a'r prosiect i ben a bellach y Stiwt dan yr enw 'Institiwt y Mwynwyr a'r Meysydd Chwarae' oedd yn gyfrifol am bopeth.

Ni chollodd J.T. Edwards fawr o amser cyn apelio am nawdd ariannol mewn llythyr agored a gyhoeddwyd yn *Herald y Rhos,* fis Chwefror 1937. Mae'r llythyr yn crynhoi'r modd anghyson y byddai'r Stiwt yn gweithredu, o bryd i'w gilydd, yn cyfuno apêl daer i'r gymuned gyfan gyda rhesymeg busnes craff a digyfaddawd. Cynigiwyd fod glowyr yr Hafod a Glanrafon, y ddwy lofa a oedd â'r cysylltiadau agosaf â'r Stiwt, yn talu 1g yr wythnos tuag at gostau cynnal a chadw'r tiroedd. Gallai glowyr a weithiai mewn glofeydd pellach i ffwrdd ddewis cyfrannu tua'r un swm ai peidio, tra byddai glowyr di-waith neu wedi ymddeol yn talu cryn dipyn yn llai. Fel yr eglurodd J.T.:

Ni ddylai unrhyw berson gymryd mantais ar adnoddau'r Stiwt nac ychwaith ar gyfleusterau'r Maes Chwaraeon - rhaid i bob person dalu.

NO PERSONS will be allowed to take advantage of the privileges of the Institute, or the amenities of the Recreation Ground – all persons must pay.

The Hafod and Bersham miners soon agreed to the above terms and grants from the British Legion and the Miners' Welfare Fund were also forthcoming. All helped towards the completion of facilities like bowling greens, tennis courts and the football pitch.

After a war-induced lull, the Banks once again provided the perfect setting for what Ellis Parry called 'the Greek ideal of all round development'.

The Prince of Wales opening the playing fields in 1934

Tywysog Cymru'n agor y Cae Pêl-droed

This ideal was typified by a celebratory jamboree held on the Banks in June 1952. The Master of Ceremonies was Robert Parry, who had been appointed Chairman of the Stiwt's Management Committee in 1947. He oversaw a day of sporting activity, which included a tennis match between the girls of Ruabon Grammar School and Grove Park; a bowls match involving Edward Jones, Tom Edwards from Handel House, and Shem Edwards from Stanley Road; a cricket match between Rhos LLanerch and Birkenhead; a troupe of dancers and the Cresswell Colliery Band.

The programme writer for the 1952 jamboree can surely be forgiven a little Biblical allusion, in a dedication reminiscent of Megan Lloyd George's twenty years before:

> the wilderness and the solitary places shall be glad for them, and
> the desert shall rejoice and blossom as the rose.

The transformation of what was once considered a 'Bear's Garden' was truly remarkable. Once again, the pioneering spirit of the Management Committee had triumphed over adversity. The Ponciau Banks now provided an appropriate setting for numerous outdoor community pursuits, perfectly mirroring the cultural activities available in the Stiwt itself.

(On opposite page): Modern day view of the Ponciau Banks

(Ar y dudalen gyferbyn): Golygfa gyfoes o Barc y Ponciau

Cytunodd glowyr yr Hafod a Glanrafon yn ddi-oed â'r telerau uchod a disgwylid hefyd grantiau gan y Lleng Brydeinig a Chronfa Les y Mwynwyr. Roedd hyn i gyd yn helpu tuag at gwblhau cyfleusterau fel y grîn fowlio, y cwrt tennis a'r cae pêl-droed.

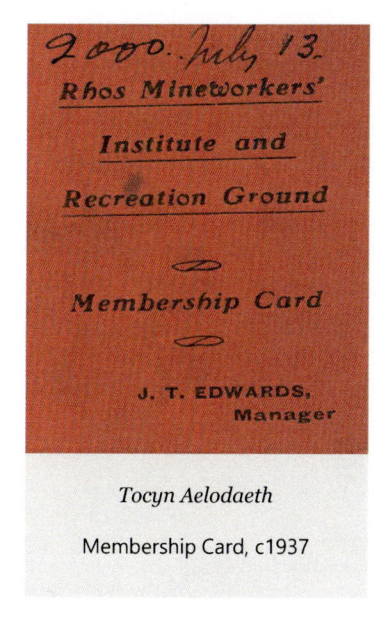

Ar ôl cyfnod segur dros gyfnod y rhyfel, roedd y Ponciau unwaith eto'n darparu lleoliad perffaith ar gyfer yr hyn a alwai Ellis Parry 'y ddelfryd Roegaidd o ddatblygu'r person cyflawn ac amryddawn'. Gwelwyd y ddelfryd hon ar waith mewn Jamborî Dathlu a gynhaliwyd ar y Ponciau fis Mehefin 1952. Meistr y Defodau oedd Robert Parry a oedd wedi ei apwyntio'n Gadeirydd Pwyllgor Rheoli'r Stiwt ym 1947. Ef fu'n goruchwylio chwaraeon y dydd a oedd yn cynnwys gornest dennis rhwng merched Ysgol Ramadeg Rhiwabon a Grove Park, Wrecsam a gornest fowlio rhwng Edward Jones, Tom Edwards o Handel House a Shem Edwards o Ffordd Stanley, gêm griced rhwng Rhos Llannerch a Phenbedw, a chafwyd hefyd berfformiadau gan grŵp o ddawnswyr a Band Glofa Cresswell. Gellir maddau i bwy bynnag ysgrifennodd y nodiadau ar gyfer rhaglen Jamborî 1952 am gynnwys ychydig o gyfeiriadau Beiblaidd, mewn cyflwyniad sy'n adleisio sylwadau Megan Lloyd George ugain mlynedd ynghynt:

Tocyn Aelodaeth

Membership Card, c1937

> Yr anialwch a'r anghyfaneddle a lawenychant o'u plegid; y diffeithwch hefyd a orfoledda ac a flodeua fel rhosyn.

Roedd y trawsnewid a ddigwyddodd er pan ddisgrifiwyd y Ponciau fel 'traed moch o le' yn rhyfeddol. Unwaith eto, roedd ysbryd arloesol Y Pwyllgor Rheoli wedi goresgyn pob rhwystr. Roedd Parc Ponciau bellach yn darparu pob math o weithgareddau awyr agored ar gyfer y gymuned, gan adlewyrchu'n berffaith y gweithgareddau diwylliannol a oedd ar gael yn adeilad y Stiwt ei hunan.

Modern day views of the Ponciau Banks

Golygfeydd cyfoes o Barc y Ponciau

Chapter Three: Mixed Fortunes: The Stiwt in the Post-War World

'Has our great venture been a success?'

This was the rhetorical question posed by J.T. Edwards in 1947, and the reply he gave to his audience:

> Yes. It has been the centre of all our social activities; the hub of the town. Our main hall has given the very best entertainments possible.

His words were delivered on Saturday 11 October 1947 to commemorate the 21st anniversary of the Stiwt's opening. The event was celebrated with a dinner, music and oratory in the presence of some 50 guests. Officials, members and trustees, both past and present, were in attendance. The guest of honour was Mr G. Nicholls, General Manager of the North Western Area of the Coal Board. He brought proceedings to a close with a final toast wishing 'continued success to the Institute'. This was readily supported and, as usual, followed by the singing of both national anthems.

Clearly, the Stiwt had lived up to the high expectations of its founders, J.T. being chief among them. Described by the then Chairman, Robert Parry, as the 'Grand Old Man of Rhos', his sudden death, in 1949, robbed the Institute of a figure who had unfailingly championed the Stiwt's mission and had 'indelibly written his name into the local annals'.

As we've already seen, this mission combined serious intellectual pursuits with more frivolous aspects of popular culture. For many, though, it was live performance which, right from the beginning, constituted the *raison d'être* of the Stiwt.

Music, Theatre and Drama

Rhos prides itself on its strong musical heritage and the Stiwt was the ultimate stage. The cinema might have provided the glamour and escapism of Hollywood, but this was certainly matched by the excitement of live performance. The Stiwt offered a diverse range of musical and theatrical opportunities for local artistes and celebrities alike.

Pennod Tri: Ffawd ac anffawd: Y Stiwt yn y cyfnod wedi'r Rhyfel

'A fu ein menter fawr yn llwyddiant?'

Dyna oedd cwestiwn rhethregol J.T. Edwards ym 1947 a'r ateb a roddodd i'r gynulleidfa oedd:

> Do. Bu'n rhan annatod o'n holl weithgareddau cymdeithasol; bu'n ganolbwynt y dref. Mae ein prif neuadd wedi darparu'r adloniant gorau posibl.

Llefarodd y geiriau hyn ar ddydd Sadwrn, 11 Hydref 1947 i ddathlu 21 mlwyddiant agor y Stiwt. Dathlwyd yr achlysur gyda chinio, cerddoriaeth ac areithiau gerbron 50 o wahoddedigion. Yn bresennol roedd swyddogion, aelodau ac ymddiriedolwyr, yn gyn-aelodau ac aelodau presennol. Y gŵr gwadd oedd Mr G. Nicholls, Rheolwr Cyffredinol Rhanbarth Gogledd Orllewinol y Bwrdd Glo. Caeodd ben y mwdwl ar y dathliad trwy gynnig llwnc destun a dymuno 'llwyddiant parhaol i'r Stiwt'. Cafwyd cefnogaeth frwd i hyn ac, yn ôl yr arfer, daeth y dathlu i ben trwy ganu'r ddwy anthem genedlaethol.

Roedd yn amlwg fod y Stiwt wedi bodloni disgwyliadau uchel ei sefydlwyr, J.T y pennaf ohonynt. Disgrifiwyd J.T.Edwards fel 'Yr Henwr Hybarch' gan Robert Parry a oedd bellach yn Gadeirydd, a phan fu farw'n sydyn, ym 1949, collodd yr Institiwt ŵr a oedd wedi pleidio amcanion a chenhadaeth y Stiwt yn ddiwyro ac roedd 'wedi sgrifennu ei enw'n annileadwy yn hanes y fro'.

Fel y gwelsom eisoes, roedd y genhadaeth hon yn cyfuno gweithgareddau deallusol, difrifddwys ag agweddau ysgafnach y diwylliant poblogaidd. I lawer, serch hynny, y perfformiadau byw, o'r dechrau cyntaf, oedd wrth graidd *raison d'être* y Stiwt.

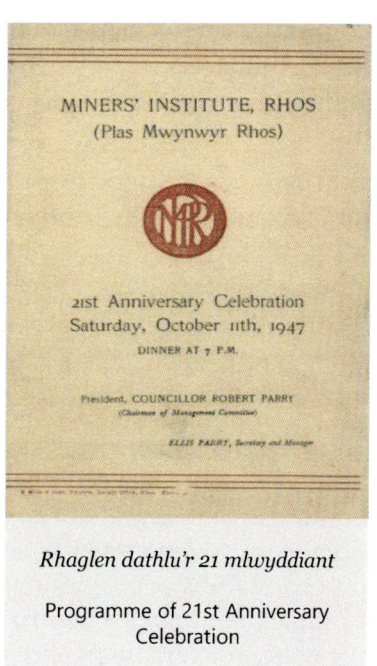

Rhaglen dathlu'r 21 mlwyddiant

Programme of 21st Anniversary Celebration

Cerdd, Theatr a Drama

Ymfalchïai'r Rhos yn ei draddodiad cerddorol cryf ac roedd y Stiwt yn cynnig llwyfan addas. Efallai fod y sinema'n cynnig hudoliaeth a dihangfa Hollywood ond roedd cyffro perfformiadau byw yn cynnig cystal adloniant bob tamaid. Cynigiai'r Stiwt amrywiaeth eang o gyfleon cerddorol a theatrig i artistiaid lleol a pherfformwyr enwog fel ei gilydd.

Choral events were significant and the name 'Powell Edwards' figures prominently. Born in the area, he had performed with leading opera companies and went on to hold the position of Principal Baritone with the Beecham Opera Company in London. Returning to his roots in North Wales, he formed the 'Powell Edwards Opera Company' which, in February 1927, performed Gounod's *Faust* at the Institute.

The local chorus was led by the renowned Welsh tenor, Parry Jones, who had trained at the Royal Academy and performed at Covent Garden and New York's Metropolitan Opera House. This combination of local and national talent was guaranteed to please and the event was a great success, so much so that Powell Edwards followed up with a second opera week at the end of the year.

Powell Edwards

From 28 November to 3 December 1927, the Company presented 'seven full dress performances' of *Cavalleria Rusticana*, *Il Pagliacci* and *Faust*. Once again, the local chorus was supported by renowned soloists Frank Mullins (1881-1953) and Tudor Davies (1892-1958). The Winter of 1928 saw a repeat performance, with the addition of Dame Ethel Smyth's *The Boatswain's Mate*. This last opera would certainly have captured the mood of the times as, written by a notable Suffragette and overtly feminist in its content, it was performed just a few months after the Franchise Act granted equal voting rights to men and women.

These performers would have benefitted from increasingly professional facilities, including the new orchestra box recently installed by W.F. Humphreys.

From the start, the Stiwt immersed itself in the rituals of the operatic world and Rhos came to be known for this, not only in Wales, but in the 'musical world beyond its borders'. A Stiwt-inspired musical tradition was born.

It was not only opera that allowed the Stiwt to extend its musical influence beyond the confines of Rhos. The summer of 1927 witnessed the first ever radio broadcast of a Cymanfa Ganu (Singing Festival) from the Stiwt. Congregational singing is a fundamental aspect of Welsh culture, deeply ingrained in the psyche of Rhos and other mining villages. Hymns are sung in four part harmony (soprano, contralto, tenor, bass) in an important ritual which draws upon Wales' nonconformist tradition and history of religious revivalism.

Broadcasting through the medium of Welsh had a champion in W.S. Gwynn Williams, a native of Llangollen and later director of its International Eisteddfod. Williams had been campaigning for some time to produce programmes about

Roedd perfformiadau corawl yn arwyddocaol iawn ac mae enw Powell Edwards yn enw o bwys. Fe'i ganed yn yr ardal a bu'n perfformio gyda'r prif gwmnïau opera, gan ddod yn Brif Unawdydd Bariton gyda Chwmni Opera Beecham yn Llundain. Dychwelodd i'w gynefin yng Ngogledd Cymru a ffurfiodd 'Gwmni Opera Powell Edwards' ac yn ystod Chwefror 1927, ceir y cwmni'n perfformio *Faust* (Gounod) yn y Stiwt.

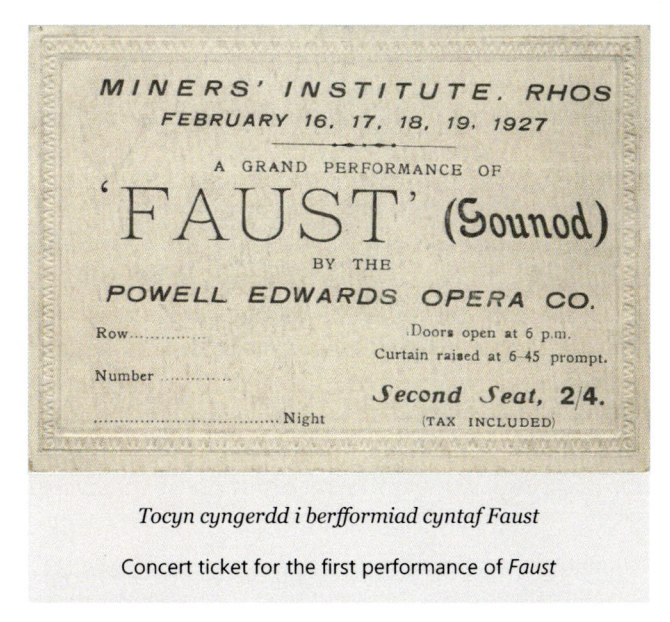

Tocyn cyngerdd i berfformiad cyntaf Faust

Concert ticket for the first performance of *Faust*

Arweiniwyd y corws lleol gan y tenor enwog Cymreig, Parry Jones, a gafodd ei hyfforddi yn yr Academi Brenhinol ac a fu'n perfformio yn *Covent Garden* a *Thŷ Opera Metropolitan*, Efrog Newydd. Roedd cyfuno talentau lleol a chenedlaethol yn saff o blesio a bu'r achlysur yn llwyddiant ysgubol, cymaint felly, fel y trefnodd Powell Edwards ail wythnos o operâu yn ddiweddarach yn y flwyddyn.

O 28 Tachwedd hyd 3 Rhagfyr, 1947 cyflwynodd y Cwmni 'saith perfformiad mewn gwisg lawn' o *Cavalleria Rusticana, Il Pagliacci* a *Faust*. Unwaith eto cefnogwyd y corws lleol gan unawdwyr o fri, Frank Mullins(1881-1953) a Tudor Davies (1892-1958) Yn ystod gaeaf 1928, cafwyd ail berfformiad, gan ychwanegu perfformiad o *The Boatswain's Mate* (Dame Ethel Smyth). Byddai'r opera olaf hon yn bendant wedi dal naws y cyfnod oherwydd cafodd ei hysgrifennu gan Swffragét nodedig. Roedd yn amlwg ffeministaidd o ran ei themâu ac fe'i perfformiwyd ychydig fisoedd ar ôl y Ddeddf Etholfraint a roddai hawl pleidleisio cyfartal i ddynion a merched.

Byddai'r perfformwyr wedi elwa o'r cynnydd yn y cyfleusterau proffesiynol, a oedd yn cynnwys bocs cerddorfa newydd sbon a osodwyd yn ei le gan W.F.Humphreys.

Roedd y Stiwt, o'r dechrau cyntaf, wedi ei drwytho ei hunan yn nefodau'r byd opera a daeth y Rhos yn enwog am hyn, nid yn unig yng Nghymru ond yn 'y byd cerddorol dros y ffin'. Ganed traddodiad cerddorol a ysbrydolwyd gan y Stiwt.

Nid opera yn unig a ganiatâi i'r Stiwt ymestyn ei ddylanwad cerddorol y tu draw i ffiniau'r Rhos. Gwelodd haf 1927 ddarllediad cyntaf Cymanfa Ganu, a hynny o'r Stiwt. Mae canu cynulleidfaol yn rhan sylfaenol o'r diwylliant Cymraeg, wedi ei wreiddio'n ddwfn yn eneidiau pobl y Rhos a phentrefi glofaol eraill. Cenir emynau yn y pedwar llais (soprano, contralto, tenor a bas) mewn defod bwysig sydd â'i gwreiddiau yn y traddodiad anghydffurfiol Cymraeg ac yn niwygiadau crefyddol y gorffennol.

Roedd W.S.Gwynn Williams, a hanai o Langollen ac a ddaeth yn Gyfarwyddwr Eisteddfod Ryngwladol Llangollen yn ddiweddarach, wedi bod yn pwyso, ers tro byd, am yr hawl i gynhyrchu rhaglenni am Gymru yn yr iaith Gymraeg. Dechreuwyd darlledu o

Wales in the vernacular, and although broadcasting in Welsh had begun in Cardiff in 1923, transmission was limited. Despite numerous petitions, the BBC in London refused to consider Welsh-medium provision. By 1927, Williams had managed to circumvent BBC restrictions by broadcasting Welsh programmes through Radio Dublin. His ambition was to broadcast a live Cymanfa Ganu to a global audience; an ambition realised on 27 June 1927. Liverpool agreed to broadcast the event which would be sent to the mast at Daventry and out to thousands of listeners across the world.

Williams decided that this pioneering broadcast would be from the Stiwt in Rhos where 'everyone is born with music in his soul and in his voice'. On the day, the Stiwt was packed. A crowd of 2,000, including many miners and their wives, also assembled outside where they could listen to proceedings through loudspeakers. After an hour's rehearsal the broadcast went out at 8pm. Traditional hymn tunes, such as *Hyfrydol*, *Llef* and *Aberystwyth*, formed the mainstay of the broadcast, later to be published in a booklet, *Caneuon y Gymanfa*, priced at 4d. The singing was highly acclaimed, with one report noting that 'the sopranos were brilliant, contraltos rich, tenors efficient and bass solid!' This historic event would set a precedent and act as an important fillip for the greater recognition of the Welsh language in the public domain.

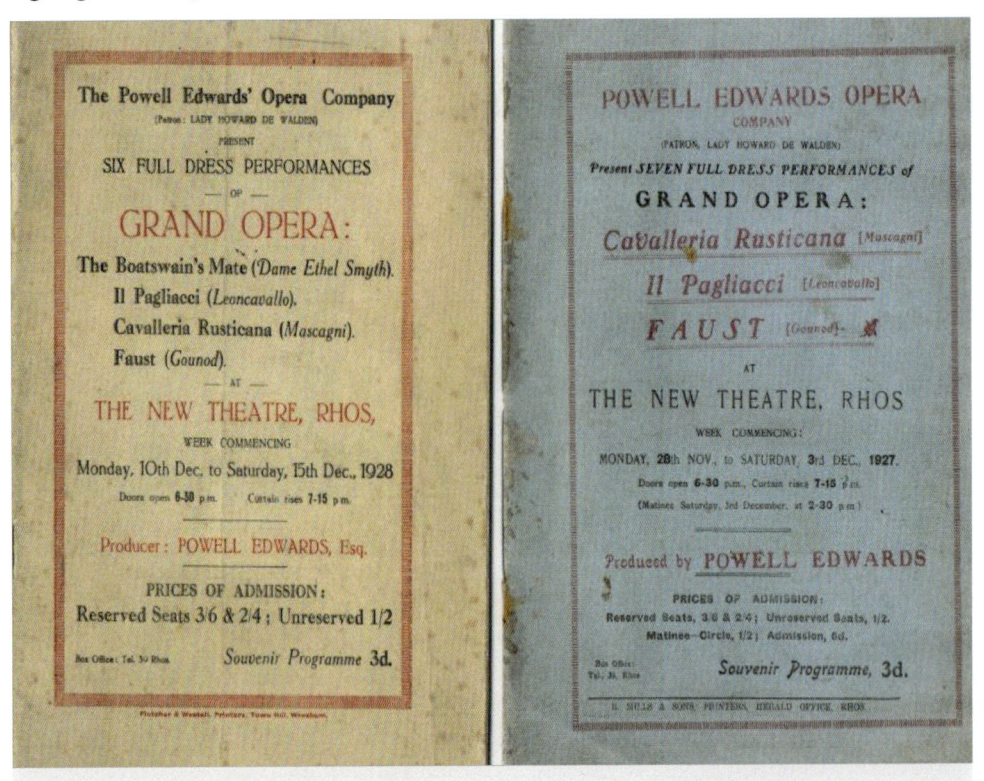

The Powell Edwards Opera Company Programmes for 1927 and 1928

Rhaglen Cwmni Opera Powell Edwards 1927 a 1928

Gymru yng Nghaerdydd ym 1923 ond roedd cyfyngu enbyd ar y darllediadau. Ar waethaf y mynych geisiadau, gwrthododd y BBC yn Llundain ystyried darpariaeth trwy gyfrwng yr iaith Gymraeg. Erbyn 1927, roedd Williams wedi llwyddo i gael y gorau ar waharddiadau'r BBC trwy ddarlledu rhaglenni Cymraeg o Orsaf Dulyn. Ei uchelgais oedd darlledu Cymanfa Ganu yn fyw ar gyfer cynulleidfa ledled y byd; cyflawnwyd ei uchelgais ar 27 Mehefin 1927. Cytunodd Lerpwl i ddarlledu'r achlysur a fyddai'n cael ei drosglwyddo o'r mast yn Daventry ac oddi yno i filoedd o wrandawyr ar draws y byd.

Penderfynodd Williams mai o'r Stiwt yn y Rhos y byddai'n darlledu ei raglen arloesol, lle 'mae pawb wedi ei eni â cherddoriaeth yn ei enaid ac yn ei lais'. Ar y diwrnod mawr, roedd y Stiwt dan ei sang. Roedd tyrfa o 2,000, yn cynnwys nifer o löwyr a'u gwragedd, wedi ymgynnull y tu allan i'r adeilad yn ogystal, lle y gallent wrando ar yr hyn oedd yn digwydd y tu mewn drwy uchelseinyddion. Ar ôl awr o ymarfer, darlledwyd y rhaglen am 8.00 o'r gloch yr hwyr. Roedd y rhan fwyaf o'r rhaglen yn cynnwys emyn-donau traddodiadol fel *Hyfrydol, Llef* ac *Aberystwyh* ac fe'u cyhoeddwyd yn ddiweddarach mewn llyfryn, *Caneuon Cymanfa* pris 4c. Bu canmol mawr ar y canu a chyfeiriodd un adroddiad at 'y sopranos gwych, y contraltos cyfoethog, y tenoriaid effeithiol a'r bas solet'! Byddai'r digwyddiad hanesyddol hwn yn gosod cynsail a bu'r ffaith fod y darllediad Cymraeg hwn wedi digwydd o gwbl, yn hwb pwysig i ddod â Chymru fwyfwy i'r amlwg.

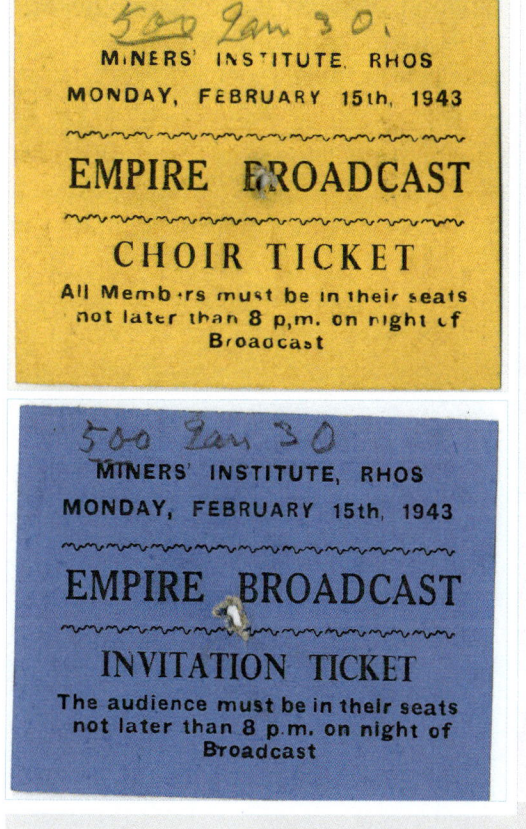

Rhaglen a thocyn mynediad i'r Darllediad Ymerodrol

Programme and tickets for the Empire Broadcast

Opportunities were also provided for Welshmen in distant places to hear their language during times of crisis. The emotive strains of Welsh hymns would form a major part of the Empire Broadcast, transmitted from the Stiwt on the evening of 15 February 1943. This live show was delivered as part of the BBC 'Empire Service', and under the title of *The Welsh Half Hour*, broadcast between 9.00 and 9.30pm, was devised specifically for 'Welsh members of the forces serving overseas'.

The Rhos Herald describes the staging of this event, with a choir of 400 voices and the Rhos Silver Prize Band providing a taste of home for all the Rhos boys scattered around the globe. The highlight of the broadcast was the address by Alderman J.T. Edwards. Despite the formality of reading a set piece into a microphone, this quite remarkable man delivered a speech guaranteed to inspire the troops. He stressed how much they were missed, ending with: 'Pob bendith arnoch i gyd, a brysiwch adref' ('Every blessing on you all, and hurry home'). It's doubtful there was a dry eye among the many who heard this emotional broadcast.

A little later, in July 1943, the Stiwt was chosen to contribute to a BBC series called *Bridge-Builders*, which aimed to encourage international unity in a time of discord. The programme was a combination of musical interludes, general entertainment and serious discussion on the state of mining either side of the Atlantic — yet another example of the Stiwt's international reach.

A national tradition also writ large in Rhos' history is the eisteddfod. The Stiwt proved to be the perfect location for these Welsh-medium competitive festivals, providing facilities for preliminary competitions and the magnificent stage for the final performances.

The first eisteddfod to be held in the Stiwt in 1928 was, very fittingly, the National Miners' Eisteddfod. This set the pattern for other eisteddfodau and choral competitions. The pinnacle of eisteddfod experience was, and still is, the National Eisteddfod held annually in different locations across Wales. When it came to Wrexham in 1933, the Main Hall of the Stiwt provided the venue for the final drama competition, at a fee of £40 for five nights.

The Bardic Ceremony at the National Eisteddfod, held in Rhos in 1945

Seremoni'r Orsedd yn Eisteddfod Genedlaethol y Rhos 1945

Cynigiwyd cyfleon i Gymry ledled y byd wrando ar eu hiaith mewn cyfnodau o argyfwng. Byddai seiniau emosiynol emyn-donau Cymraeg yn ffurfio rhan bwysig o'r Darllediad Ymerodrol a ddarlledwyd o'r Stiwt fin nos ar 15 Chwefror 1943. Cyflwynwyd y sioe yn fyw fel rhan o Wasanaeth Ymerodrol y BBC o dan y teitl *The Welsh Half Hour*, a fyddai'n cael ei darlledu rhwng 9.00 a 9.30 o'r gloch yr hwyr, ac fe'i dyfeisiwyd yn benodol ar gyfer 'Y Cymry a oedd dramor yn y lluoedd arfog'.

Mae *Herald y Rhos* yn disgrifio fel y llwyfannwyd y rhaglen gyda chôr o 400 o leisiau a Band Arian Arobryn y Rhos yn cynnig blas cartref i fechgyn y Rhos a oedd ar wasgar ledled y byd. Uchafbwynt y darllediad oedd anerchiad yr Henadur J.T. Edwards. Ar waethaf ffurfioldeb gorfod darllen darn set i mewn i'r meic, llwyddodd y dyn rhyfeddol hwn i gyflwyno araith a oedd yn rhwym o ysbrydoli'r milwyr. Pwysleisiodd gymaint oedd yr ardal yn gweld eu colli, gan gloi ei araith â'r geiriau 'Pob bendith arnoch i gyd, a brysiwch adref'. Go brin bod un llygad sych ymhlith y rhai a fu'n gwrando ar y darllediad emosiynol hwn.

Ychydig yn ddiweddarach dewiswyd y Stiwt i gyfrannu at gyfres y BBC o'r enw *Bridge Builders* a'i nod oedd hybu undod rhyngwladol mewn cyfnod o anghydfod. Roedd y rhaglen hon yn gyfuniad o eitemau cerddorol, adloniant cyffredinol a thrafodaethau dwfn ar gyflwr y diwydiant glo o bob tu i'r Iwerydd. Enghraifft arall o gyrhaeddiad rhyngwladol y Stiwt!

Traddodiad cenedlaethol arall a fu'n dra phwysig yn hanes y Rhos oedd yr Eisteddfod. Profodd y Stiwt ei fod yn fan delfrydol ar gyfer y gwyliau cystadleuol hyn a gynhelid yn Gymraeg, gan gynnig cyfleusterau ar gyfer y rhagbrofion a llwyfan ysblennydd i'r perfformiadau terfynol.

Cynhaliwyd yr Eisteddfod gyntaf yn y Stiwt ym 1928 sef, yn addas iawn, Eisteddfod Genedlaethol y Glowyr. Sefydlodd hon y patrwm ar gyfer eisteddfodau eraill a chystadlaethau corawl. Uchafbwynt y profiad eisteddfodol yn y gorffennol, a hyd heddiw, yw'r Eisteddfod Genedlaethol a gynhelir mewn safleoedd gwahanol ar hyd a lled Cymru. Pan ddaeth i Wrecsam ym 1933, ym mhrif neuadd y Stiwt y cynhaliwyd rownd derfynol y gystadleuaeth ddrama a'r ffi a godwyd oedd £44 am bum noson.

Clawr blaen rhaglen y cystadlaethau yn Eisteddfod y Rhos

Front cover of Eisteddfod competition themes

Ym 1945, yn dilyn trafodaeth gyda J.T. Edwards, daeth yr Eisteddfod Genedlaethol i'r Rhos. Roedd angen adeiladu pafiliwn pwrpasol ond, oherwydd bod y rheolau cyfyng a wnaed adeg y rhyfel yn dal i wasgu, roedd hi'n amhosibl cael digon o goed ar gyfer yr adeiladu. Bu sôn am gynnal yr Eisteddfod yn y Stiwt ond roedd J.T. Edwards yn benderfynol y dylid cael eisteddfod 'a fyddai'n deilwng o'r Rhos a'r genedl Gymreig'. Daeth ei ddawn fel *entrepreneur* i'r amlwg unwaith eto ac, yn dilyn taith i Lundain, llwyddodd i sicrhau cefnogaeth gan wleidyddion a chysylltiadau dylanwadol eraill. Yn fuan iawn roedd Pafiliwn yr Eisteddfod, wedi ei leoli ar barc y Ponciau, yn realiti. Camp ryfeddol mewn cyfnod o hirlwm a chynilo wedi'r rhyfel.

Ystyrid yr Eisteddfod yn llwyddiant mawr a rhoes fod i Gwmni Opera newydd yn y Rhos. Perfformiwyd *Faust* (Gounod) a oedd wedi ei gyfieithu i'r Gymraeg gan Syr T.H. Parry-Williams, dan gyfarwyddyd Mrs Lottie Williams

In 1945, following negotiations by J.T. Edwards, the National Eisteddfod came to Rhos. A purpose-built pavilion was required, but the on-going war effort made it impossible to obtain enough wood for the construction. There was discussion about using the Stiwt as the eisteddfod venue, but J.T. Edwards was determined there should be a pavilion, 'worthy of Rhos and the Welsh nation'. His entrepreneurial spirit once again came to the fore and, following a trip to London, he managed to secure support from politicians and other influential contacts. Soon the Eisteddfod Pavilion, located on the Ponciau Banks, was a reality; a remarkable achievement against a backdrop of wartime austerity.

This Eisteddfod was regarded as a great success and saw the formation of a new Rhos Opera Company. They performed Gounod's *Faust*, which had been translated into Welsh by Sir T.H. Parry-Williams. Under the musical direction of Lottie Williams Parry, accompanied by the Royal Liverpool Philharmonic Orchestra, this was regarded as a high-point of the week. They would later go on to tour Wales with their highly acclaimed production.

Lottie Williams Parry

The successes of the week were briefly marred by the announcement that no-one was considered worthy of the Crown – one of the most anticipated events of any eisteddfod. Any disappointment was fleeting though as, part way through a group recitation, J.T. Edwards seized the microphone to share the news that Rhos and the rest of the nation had been waiting to hear: Japan had surrendered to the Allies and the Second World War was officially over. The *Western Mail* captures this historic moment in vivid style:

> For a split second there was absolute silence. Everyone seemed dazed, not instantly grasping the significance of the announcement. Then the floodgate opened. The crowd rose to their feet, the cheering gained in volume and intensity until it seemed as if it would lift the roof. Hats, handkerchiefs, anything that was handy were thrown in to the air. Some danced with joy, others shook hands vigorously or kissed in continental fashion, and all the time the cheering was unceasing. Few in the pavilion that day had dry eyes. All knew what it would mean to their husbands and sons still serving in the Far East.

And so the Rhos Eisteddfod was forever immortalised as the one which began in war and ended in peace.

Parry, i gyfeiliant Cerddorfa Frenhinol Ffilharmonig Lerpwl. Ystyrid y perfformiad yn un o uchafbwyntiau'r wythnos. Yn dilyn hyn, aethpwyd â'r opera ar daith o gwmpas Cymru a bu canmol mawr i'r cynhyrchiad.

Amharwyd rywfaint ar lwyddiannau'r wythnos pan gyhoeddwyd nad oedd neb yn deilwng o'r Goron - un o'r seremonïau yr edrychid ymlaen yn arw ati. Dros dro yn unig y parhaodd y siom. fodd bynnag, pan, ar ganol cystadleuaeth i gorau adrodd, y cydiodd J.T. Edwards yn y meic i gyhoeddi'r newydd y bu'r Rhos a gweddill y genedl yn aros amdano: roedd Japan wedi ildio i Luoedd y Cynghreiriaid ac roedd yr Ail Ryfel Byd yn swyddogol ar ben. Mae'r *Western Mail* yn darlunio'r foment hanesyddol hon mewn geiriau llachar:

> Am hanner eiliad bu distawrwydd llethol. Roedd pawb rywfodd yn bensyfrdan, heb amgyffred yn syth bin arwyddocâd y cyhoeddiad. Yna agorodd y llifddorau. Cododd y gynulleidfa ar ei thraed, a chynyddodd y bonllefau a dwysâu nes ei bod hi'n ymddangos y byddai'r to'n codi. Taflwyd hetiau, cadachau poced, ac unrhyw beth arall a oedd wrth law i'r awyr. Dawnsiodd rhai mewn llawenydd, roedd eraill yn mynd ati i ysgwyd llaw â'i gilydd fel lladd nadroedd neu'n cusanu'r naill a'r llall yn y dull cyfandirol. A gydol yr amser roedd y bonllefau'n parhau. Ychydig o'r rhai yn y Pafiliwn y diwrnod hwnnw oedd heb ddeigryn yn eu llygaid. Roedd pawb yn gwybod yr hyn a olygai i'w gwŷr a'u meibion a oedd yn dal i wasanaethu yn y Dwyrain Pell.

Ac felly anfarwolwyd Eisteddfod y Rhos am byth fel yr un a ddechreuodd dan gwmwl rhyfel ond a ddaeth i ben mewn byd o heddwch.

Pethau cofiadwy gwahanol Eisteddfodau

Various Memorabilia of Eisteddfodau

Away from the eisteddfod, choral singing in its various forms continued as an integral part of Stiwt life. The Minute Books and local newspapers are littered with references to concerts, rehearsals and the like. From as early as November 1926, the Management Committee granted use of the Assembly Room to the Rhos Choral Society for practice. There was a fee, of course, fixed at 10s per night or £12 for one night per week for 26 weeks. The Society would also use the Main Hall on Christmas Night to perform Handel's *Messiah*, at a cost of £8 8s. Two years later the famous Rhos Male Voice Choir was also granted use of the Assembly Room for two nights a week, this time for a fee of 7s 6d. It was proposed that the Mixed Choir could also have the same privilege for 10s.

There is no obvious rationale for the discrepancy in the above fees and this remains an on-going feature in the Minute Books. At certain times, all fees for usage were waived completely. For example, during the 1930s both the Choral Society and the Male Voice Choir requested hire of the Main Hall for Sunday evening rehearsals to prepare for National Eisteddfod competitions. Although there was some concern about the idea of Sunday opening, the Management Committee relented and, so long as the public were not admitted, hire would be granted free of charge. Clearly the thought of eisteddfod success for Rhos outweighed financial considerations!

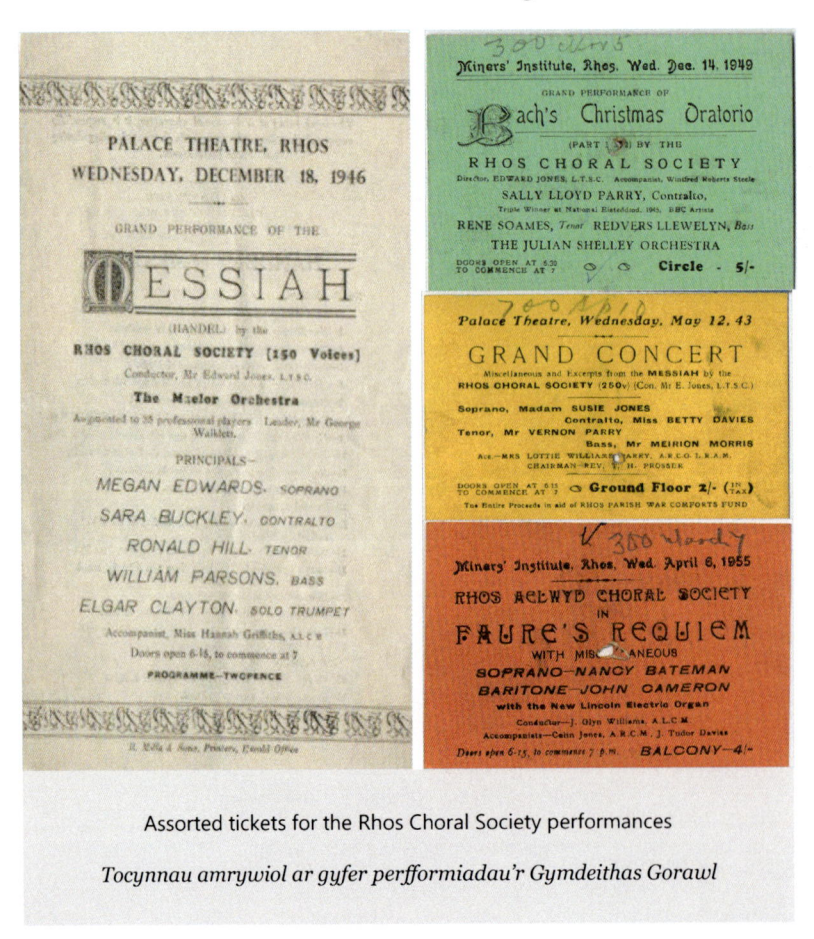

Assorted tickets for the Rhos Choral Society performances

Tocynnau amrywiol ar gyfer perfformiadau'r Gymdeithas Gorawl

Ar wahân i'r eisteddfodau roedd canu corawl yn ei amryfal ddulliau yn dal yn rhan hanfodol o fywyd y Stiwt. Mae'r Llyfr Cofnodion a'r papurau lleol yn gyforiog o gyfeiriadau at gyngherddau, rihyrsals ac ati. Mor gynnar â Thachwedd 1926, ceir y Pwyllgor Rheoli'n caniatáu i Gymdeithas Gorawl y Rhos ddefnyddio'r Ystafell Gynnull ar gyfer ymarferion. Roedd ffi, wrth gwrs, o 10s y noson neu £12 am un noson yr wythnos dros gyfnod o 26 o wythnosau. Rhoddwyd hawl hefyd i'r Gymdeithas ddefnyddio'r brif neuadd ar nos Nadolig i berfformio *Messiah* Handel a hynny ar gost o £8.8s. Ddwy flynedd yn ddiweddarach rhoddwyd hawl i Gôr Meibion enwog y Rhos ddefnyddio'r Ystafell Gynnull ar ddwy noson yr wythnos, y tro hwn am ffi o 7s.6c. Cynigiwyd bod y Côr Cymysg hefyd yn cael yr un fraint am 10s.

Does dim rheswm amlwg am y gwahaniaeth yn y ffioedd uchod ac mae i'w weld yn digwydd yn gyson yn y Llyfrau Cofnodion. Ar brydiau, ni chodid dim oll am ddefnyddio'r cyfleusterau. Er enghraifft, yn ystod y 1930au gwnaed cais gan ddwy gymdeithas, y Gymdeithas Gorawl a'r Côr Meibion, i hurio'r Brif Neuadd ar nos Sul er mwyn ymarfer yno tra oeddent yn paratoi ar gyfer cystadlaethau'r Eisteddfod Genedlaethol. Er bod pryder ynglŷn ag agor ar y Sul, ildiodd y Pwyllgor Rheoli ac, ar yr amod na châi'r cyhoedd ddod i mewn, rhoddwyd yr hawl i hurio'r neuadd yn rhad ac am ddim.. Mae'n amlwg fod y posibilrwydd o lwyddiant Eisteddfodol i gorau'r Rhos yn drech nag ystyriaethau ariannol.

Er ei bod hi'n amhosib gosod ar glawr a chadw yr holl gynyrchiadau cerddorol a dramatig a fu ar lwyfan y Stiwt, mae adroddiadau mewn papurau newydd a rhaglenni yn rhoi cipolwg inni ar holl amrywiaeth ryfeddol y perffformiadau.

Detholiad o docynnau ar gyfer cynyrchiadau yn yr iaith Gymraeg

Selection of tickets relating to Welsh language productions

Although it is impossible to record all the musical and dramatic productions which graced the Stiwt stage, newspaper reports and programmes give us an insight into a remarkably varied range of performances.

The Rhos Prize Silver Band, later known as the Hafod Colliery Band was formed in 1884 and soon established a reputation of some renown. Not surprisingly, the Stiwt offered the perfect location for this extremely popular music form which was so much a feature of established mining villages. Brass band concerts and festivals are reported with great frequency from the 1940s. Some were clearly significant events, for example the Brass Band Festival held in September 1946, in which 16 bands participated.

We see frequent mention of Choir concerts too. One example was the 'Grand Farewell Concert' of the Male Voice Choir on 6 October 1948. A few weeks later, prior to their tour of Spain, the Choir assembled on the steps of the Stiwt and, led by the baton of conductor Ben Evans, sang several items, including *In Memoriam* for I.D. Hooson who had passed away a few days before. On 3 November the prodigal sons returned home, giving occasion for a 'Welcome Home Concert' held in aid of the charmingly named 'Old Miners' Summer Treat Fund'.

"Welcome Home" concert ticket

Tocyn Cyngerdd Croesawu'r Bechgyn Adref

On the theatrical front, there was the staging of serious dramas in Welsh and English. These ranged from *Dros y Gorwel* in November 1937 by the Dan Matthews Company, to the Old Vic's production of *Medea*, starring the celebrated Dame Sybil Thorndike in March 1942. Even reports of the Stiwt being 'bombed' in May 1942, albeit only as part of the Home Guard's 'Mock Invasion of North Wales', could not stop the staging of regular 'grand' and 'celebrity' concerts.

The establishment of the Rhos Aelwyd Amateur Operatic Society in the 1950s would add a further important dimension to the already varied fare on offer. Productions at the Stiwt typically ranged from Gilbert and Sullivan's *The Mikado* in 1952 to Strauss' *Die Fledermaus* in 1962. The Aelwyd productions brought the Society great success and much popularity, establishing a tradition of theatrical excellence which remains to this day.

In 1957 the Rhos Orpheus Male Voice Choir was established, having been formed to compete in the Llangollen International Eisteddfod. Now the village was able to take pride in the remarkable fact that it sustained two Male Voice Choirs. It is hardly surprising that this wealth of talent saw the emergence of even more 'grand celebrity concerts' - all performed of course from the stage of the Stiwt.

Ffurfiwyd Band Arian Arobryn y Rhos a adwaenid yn ddiweddarach fel Band Glofa'r Hafod, yn 1884 ac yn fuan iawn roedd wedi ennill enw da iawn iddo'i hunan Nid yw'n syndod fod y Stiwt yn cynnig y lleoliad perffaith i'r maes tra phoblogaidd hwn o gerddoriaeth a fu'n un o nodweddion amlycaf pentrefi'r pyllau glo. Cyfeirir at gyngherddau a gwyliau bandiau pres yn aml iawn o'r 1940au ymlaen. Roedd rhai digwyddiadau ac iddynt gryn arwyddocâd, er enghraifft Gŵyl y Bandiau Pres a gynhaliwyd ym Medi 1946, pryd y cafwyd 16 o fandiau'n cystadlu.

Ceir cyfeiriadau mynych at gyngherddau corawl yn ogystal. Un enghraifft oedd 'Cyngerdd Ffarwelio Mawreddog' y Côr Meibion ar 6 Hydref 1948. Ychydig o wythnosau wedyn, cyn eu taith i Sbaen, ceir y côr yn ymgynnull ar stepiau'r Stiwt, dan arweiniad Ben Evans, i ganu nifer o eitemau, gan gynnwys *In Memoriam* er cof am I.D.Hooson a fu farw ychydig ddyddiau ynghynt. Ar 3 Tachwedd, dychwelodd y meibion afradlon a dyma gyfle am 'Gyngerdd Croesawu'r Bechgyn Adref' a gynhaliwyd er budd achos yn dwyn yr enw hyfryd 'Cronfa Parti Haf i Hen Lowyr'.

I.D. Hooson (yn yr ail res a'r trydydd o'r dde) gyda Chymdeithas Ddrama'r Capel Mawr

I.D. Hooson (second row, third from right), pictured here with the Capel Mawr Drama Society

Ym myd y ddrama, llwyfannwyd dramâu o bwys yn Gymraeg a Saesneg. Roedd y rhain yn amrywio o *Dros y Gorwel* ym mis Tachwedd 1937 gan Gwmni Dan Matthews i gynhyrchiad yr Old Vic o *Medea* ym mis Mawrth 1942, gyda'r seren enwog Dame Sybil Thorndike yn perfformio. Ni lwyddodd adroddiadau fod y Stiwt wedi cael ei 'fomio' ym mis Mai 1942, (er nad oedd hyn ond yn rhan o 'ymosodiad ffug ar Ogledd Cymru' a drefnwyd gan y Gwarchodlu Cartref) i rwystro'r Stiwt rhag llwyfannu cyngherddau 'mawreddog' yn cynnwys yr 'enwogion' bondigrybwyll.

Byddai sefydlu Cymdeithas Operatig Aelwyd y Rhos yn y 1950au yn ychwanegu dimensiwn pwysig arall at holl amrywiaeth yr hyn a oedd yn cael ei gynnig. Amrywiai'r cynyrchiadau yn y Stiwt, yn nodweddiadol ddigon, o *The Mikado* gan Gilbert & Sullivan i *Die Fledermaus* gan Strauss, ym 1962. Daeth cynyrchiadau'r Aelwyd â llwyddiant a chryn boblogrwydd i'r Gymdeithas, gan sefydlu traddodiad o ragoriaeth theatrig sy'n parhau hyd heddiw.

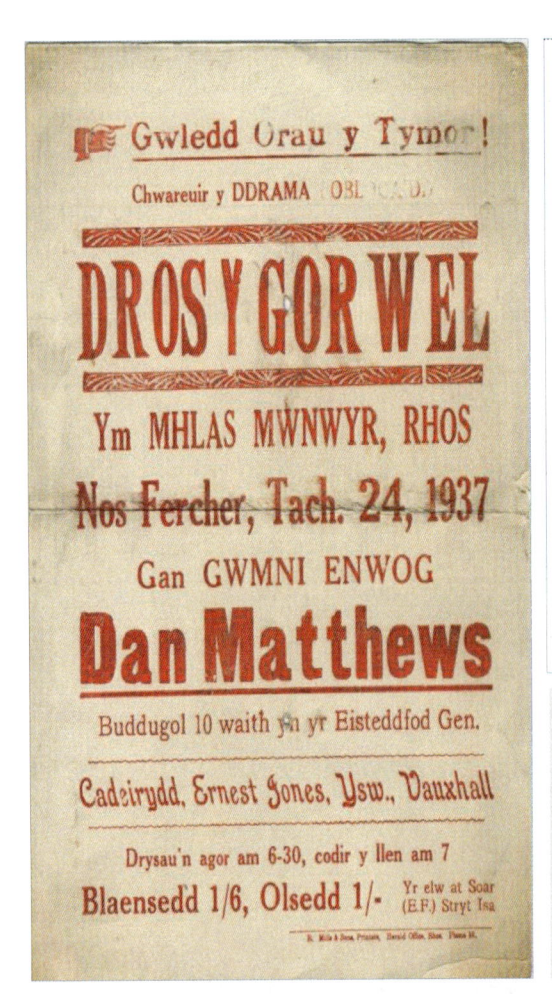

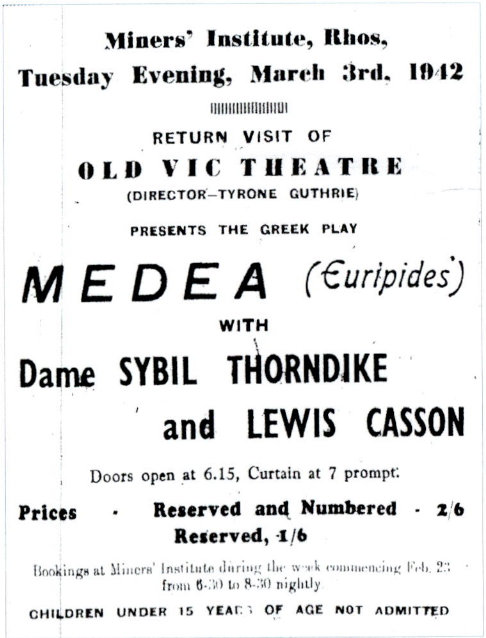

left: Advertisement for *Dros Y Gorwel*
Hysbysebu Dros y Gorwel

above: *Rhos Herald* advertisement ahead of Sybil Thorndike's eagerly awaited performance
Hysbyseb yn Herald y Rhos cyn ymddangosiad hir ddisgwyliedig Sybil Thorndike

Rhos Male Voice Choir on the Ponciau Banks and on the steps of the Stiwt

Côr Meibion Rhosllannerchrugog yn y dyddiau a fu ar Barc y Ponciau ac ar stepiau'r Stiwt

(On Opposite Page): The Rhos Orpheus Male Voice Choir on the stage of the Stiwt, 1965

(Ar dudalen gyferbyn): Côr Orffiws y Rhos ar lwyfan y Stiwt ym 1965

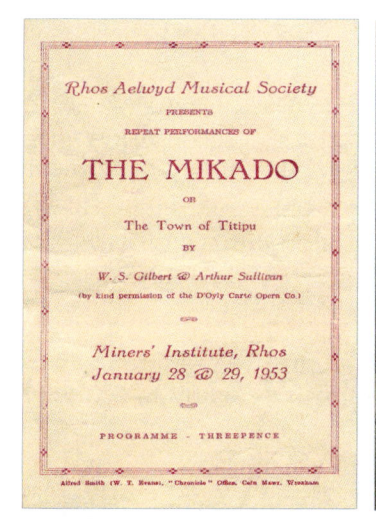

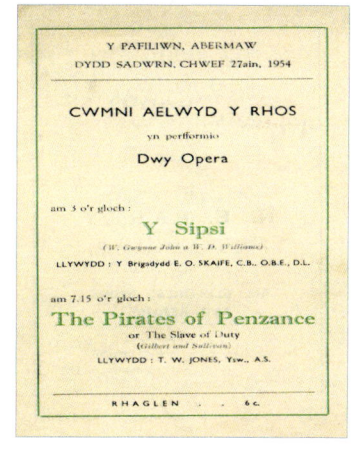

Y ddwy operetta gyntaf a gyflwynodd Aelwyd y Rhos yn y Stiwt oedd The Mikado a Pirates of Penzance gydag Arthur Ellis (ar ganol y darlun) yn cymryd y brif ran yn y ddau gynhyrchiad

The first two Rhos Aelwyd operettas held at the Stiwt were *The Mikado* and *The Pirates of Penzance*, with Arthur Ellis (pictured centrally) taking the male lead in both

Ym 1957, ffurfiwyd Côr Meibion Orffiws y Rhos. Fe'i sefydlwyd yn wreiddiol er mwyn cystadlu yn Eisteddfod Ryngwladol Llangollen. Bellach, gallai'r pentref ymhyfrydu yn y ffaith ryfeddol fod ganddo ddau Gôr Meibion. Nid yw'n syndod fod y fath gyfoeth o dalentau wedi esgor ar hyd yn oed fwy o 'gyngherddau mawreddog yn cynnwys enwogion' a'r cyfan yn cael ei berfformio ar lwyfan y Stiwt.

Signs of Decline

So far, this book has focused on the unmitigated success of the Stiwt – from its initial construction to its emergence as a centre of cultural excellence. It is tempting to imagine that the Stiwt would go from strength to strength. However, the 1950s and 1960s would, for all their glamour, prove to be a time of struggle. There were achievements aplenty, it is true, but there can be no doubt that storm clouds were gathering.

The on-going story of the Stiwt's Palace Cinema perfectly encapsulates these changing fortunes during a period when aspiration was increasingly tempered by financial concern.

The Institute's prosperity was still largely tied up in the income derived from the cinema, and the Management Committee were constantly looking at ways to enhance this income and remove competition. This competition, of course, came mainly from the Pavilion Theatre also situated on Broad Street. The Pavilion operated primarily as a concert hall until 1931 when it introduced 'talkies' equipment, setting itself up as a direct rival to the Stiwt.

As early as 1933 the sources reveal the possibility of the Stiwt buying the Pavilion – one sure way to reduce competition – although no agreement could be reached with the owners, N.W. & R. Cinemas Ltd. Talks would not then resume until 1947, but it is clear by this time that interest in the Pavilion had waned. It is likely that concerns over competition had been outweighed by more immediate worries linked to the Palace Cinema itself.

Ellis Parry, as Secretary and Manager of the Institute, certainly had other things on his mind, namely a financial dispute with most of the major film distributors of the period. The cause of the dispute was the Entertainments Tax paid to the Treasury on cinema receipts. Parry had successfully gained exemption from this tax in October 1947, citing the fact that the Stiwt was a charitable, non-profit organisation, run for the good of the miners and people of Rhos. Unfortunately, this did not prevent him deducting what would have amounted to the taxable value from the commission required by the film distributors.

The scene was set for a legal challenge from disgruntled distributors keen to recoup their losses. Unsurprisingly, the ever-dependable J.T. Edwards was dispatched to Cardiff to seek legal advice from representatives of the Great Western Workmen's Hall Fund. Despite his efforts, and the involvement of other arbitration bodies like The Cinematograph Exhibitors Association (CEA) based in Liverpool, Ellis Parry was forced to concede defeat. In a letter to several film distributors, dated 12 June 1948, he agreed that 'your claim is valid and is no longer disputed by us'. This followed the advice of the Stiwt's Solicitor, H. Glynne Jones: 'if you do not pay Entertainments Tax you are not entitled to deduct it'.

Arwyddion Dirywiad

Hyd yn hyn, mae'r gyfrol hon wedi canolbwyntio ar lwyddiant cyson y Stiwt - o ddiwrnod gosod ei garreg sylfaen i'w dwf fel canolfan ragoriaeth ddiwylliannol. Mae'n demtasiwn rhoi rhwydd hynt i'r dychymyg a chredu y byddai'r Stiwt yn mynd o nerth i nerth. Fodd bynnag, byddai'r 1950au a'r 1960au, ar waethaf holl swyn y degawdau, yn profi'n gyfnod anodd a heriol. Do, bu'n gyfnod o gyflawni, mae'n wir, ond heb os nac oni bai roedd cymylau duon yn bygwth.

Mae hanes Sinema'r *Palace* yn y Stiwt yn crynhoi'n berffaith fel yr oedd pethau'n newid er gwaeth mewn cyfnod pan oedd cyfyngiadau a phryderon ariannol yn gwasgu fwyfwy ar ddyheadau.

Roedd ffyniant y Stiwt yn dibynnu i raddau helaeth ar yr incwm a geid o'r Sinema. Yn wir, roedd y Pwyllgor Rheoli'n chwilio am ffyrdd i gynyddu'r incwm a chael gwared ar unrhyw gystadleuaeth. Deuai'r gystadleuaeth yn bennaf, wrth gwrs, o gyfeiriad Theatr y Pafiliwn a godwyd ym 1912 ac a leolid hefyd ar y Stryt Lydan gerllaw. Gweithredai'r Pafiliwn fel neuadd gyngerdd yn bennaf hyd 1931, pryd y prynwyd offer ffilmiau llafar, gan ddechrau cystadlu o ddifrif â'r Stiwt.

Mor gynnar â 1933 mae'r ffynonellau'n dangos fod posibilrwydd y byddai'r Stiwt yn prynu'r Pafiliwn - ffordd sicr o gael gwared ar unrhyw gystadleuaeth - er na lwyddwyd i ddod i gytundeb â'r perchnogion *N.W.& R. Cinemas Ltd*. Ni fyddai'r trafodaethau'n ailddechrau tan 1947 ond mae'n amlwg ddigon fod y diddordeb yn y Pafiliwn erbyn hynny wedi lleihau. Mae'n debyg bod pryderon ynglŷn â'r Sinema'r *Palace* ei hunan bellach yn peri mwy o boen meddwl na'r gystadleuaeth.

Yn bendant, roedd gan Ellis Parry, ysgrifennydd a Rheolwr y Stiwt, fwy o bethau ar ei feddwl, sef dadl ariannol gyda'r rhan fwyaf o brif ddosbarthwyr ffilmiau'r cyfnod. Achos yr anghydfod oedd y Dreth Adloniant yr oedd yn rhaid ei thalu i'r Trysorlys ar yr elw a wneid mewn sinema. Roedd Parry, fis Hydref 1947 wedi llwyddo i gael ei esgusodi rhag talu'r dreth am fod y Stiwt yn sefydliad elusengar nad oedd yn gwneud elw ac a oedd yn cael ei redeg er lles glowyr a phobl y Rhos. Yn anffodus, nid oedd hyn yn ei rwystro rhag tynnu allan arian gwerth trethadwy y comisiwn yr oedd yn rhaid ei dalu i'r dosbarthwyr ffilmiau.

Roedd pethau wedi dod i'r glust a'r dosbarthwyr ffilmiau anfodlon yn awchu am fynd i gyfraith i adennill eu colledion. Nid yw'n syndod felly, fod J.T. Edwards, y gŵr y gellid dibynnu arno ymhob argyfwng, wedi cael ei anfon i Gaerdydd i chwilio am gyngor cyfreithiol gan gynrychiolwyr *The Great Western Workmen's Hall Fund*. Ar waethaf ei ymdrechion a'r cysylltiadau gyda chyrff cymodi fel Cymdeithas Dangoswyr Ffilmiau *(Cinematograph Exhibitors Association:CEA)* a leolid yn Lerpwl, bu'n rhaid i Ellis Parry ildio. Mewn llythyr at nifer o ddosbarthwyr ffilmiau, dyddiedig 12 Mehefin 1948, cyfaddefodd fod 'eich cais yn ddilys ac nid ydym yn anghytuno â'r hyn rydych yn ei hawlio'. Gwnaed hyn ar ôl derbyn cyngor cyfreithiwr y Stiwt, H. Glynne Jones: 'Os nad ydych yn talu Treth Adloniant nid oes gennych hawl i'w dynnu allan'.

Byddai'n hawdd beirniadu Ellis Parry am y twyll ymddangosiadol hwn. Eto i gyd, efallai y gallwn gydymdeimlo ag ef pan ystyriwn i'r *CEA* gyfaddef fod yr un broblem yn bodoli mewn llawer o Sinemâu Glowyr yn Ne Cymru. Awgryma hyn nad oedd rheolau'r Dreth Adloniant yn gweithredu yn ôl yr un rhesymeg ag a ddefnyddiodd Jones y Cyfreithiwr wrth eu dehongli.

Rhos Miners' Institute - Board of Management - June 1949/Institiwt y Glowyr Rhos - Bwrdd Rheoli - Mehefin 1949

It would be easy to be critical of Ellis Parry for his seeming duplicity. However, we might have some sympathy if we consider the admission by the CEA that similar problems existed in many of the Miners' cinemas of South Wales. This suggests that regulations over Entertainments Tax lacked the logic applied to them by Jones the Solicitor.

Felly gwelwn fod y Stiwt yn wynebu myrdd o achosion yn ei erbyn yn hawlio addaliadau. Amcangyfrif *Twentieth Century Fox* oedd £114.16s.6c ac roedd *Paramount Pictures* yn hawlio'r un swm. Roedd *United Artists* yn gofyn am ffioedd amhenodol am ffilmiau fel *Spellbound* a *Scandal in Paris* a cheir syniad o faint y busnes a wnaed gyda *MGM* o weld bod cyfanswm yr hyn roeddent yn ei hawlio'n £530. Clywid lleisiau croch dosbarthwyr eraill yn mynnu eu harian a chymerodd hyn egni a sylw Ellis Parry yn gyfan gwbl dros gyfnod y gwanwyn 1948. Nid oedd y symiau hyn yn fygythiad marwol i iechyd cyllidol y Stiwt ond mae ceisiadau cyffredinol Ellis yn gofyn i nifer o'r dosbarthwyr 'dyneru rywfaint ar y telerau' yn awgrymu eu bod yn sylweddol.

Ar ôl dod trwy'r storm hon, daeth y Pafiliwn i mewn i'r trafodaethau unwaith eto. Dechreuodd y trafodaethau o'r newydd ynglŷn â phrynu'r lle ym 1956 a cheir cipolwg ddiddorol iawn ar flaenoriaethau'r Stiwt fel yr oedd cyfnod roc a rôl yn gwawrio.

Dengys y cofnodion fod y Stiwt bellach yn mynd ati o ddifrif i daro bargen, tra oedd *N. W. & R. Cinemas* (trwy eu cynrychiolydd cyfreithiol) yn fodlon gwneud unrhyw beth bron i werthu. Felly, cynigiwyd y Pafiliwn i'r Stiwt am bris o £12,500 er nad oedd y pris hwn 'wedi ei gerfio mewn maen'; hynny ydy, roedd yn agored i drafodaeth. Gwelir bod *N.W. & R.* yn fodlon derbyn ernes o £5,000 gan y Stiwt a bod y gweddill yn cael ei dalu dros nifer o flynyddoedd ar log o 5%. Cynigiwyd hyd yn oed drydydd dewis:

> Byddai *N.W. & R.* yn fodlon talu £5,000 i'r Stiwt 'ar yr amod na fyddai'r Stiwt yn dangos ffilmiau am gyfnod o bymtheng mlynedd'.

Roedd yn eglur nad oedd gan y naill ochr na'r llall ddiddordeb mewn bod yr unig berchnogion yn rhedeg dwy sinema ar yr un pryd. Mewn gwirionedd, dywedodd y cyfreithiwr a gynrychiolai *N.W.& R.* 'y byddai'n fendith i'r naill sinema a'r llall pe bai un ohonyn nhw'n cau'. I ategu hyn cyflwynwyd cyfrifon a awgrymai y gallai Sinema y *Palace* wneud elw ychwanegol o £3,100 y flwyddyn pe bai drysau'r Pafiliwn yn cau.

Yn bendant, roedd amcanion eraill ar waith yn ogystal â monopoleiddio'r fasnach dangos ffilmiau. Mewn cyfarfod blaenorol na chadwyd cofnodion ohono, dywedir bod perchnogion y Pafiliwn yn 'tybio rywsut fod gan y Stiwt fwriad deublyg mewn golwg, sef dymchwel y Pafiliwn er mwyn creu mynedfa hwylus a maes parcio ar gyfer y Parc Adloniant newydd ar y Ponciau'. Mae'n anodd credu heddiw fod y naill ochr a'r llall yn fodlon aberthu adeilad a gafodd ei gymharu ar un adeg â 'neuaddau gwychaf ein dinasoedd mawrion' dim ond er mwyn gwneud maes parcio!

Yn y diwedd, penderfynodd y Stiwt ym 1956 wrthod y cynnig i brynu'r Pafiliwn ac, fel y digwyddodd hi, bu'n benderfyniad doeth. Ymhen pum mlynedd, roedd y Pafiliwn ar werth am bris llawer is, sef £1,500. Ymhen hir a hwyr, fe'i gwerthwyd ym 1964 i Bwyllgor Lles Cymdeithasol Glofa'r Hafod. Roedd yn anochel y byddai'n cael ei ddymchwel ac ar y safle codwyd adeilad llai uchelgeisiol, sef Clwb yr Hafod. Ac felly y diflannodd adeilad a oedd yn ei anterth yn y 1920au a'r 1930au ond a wnaeth gyfraniad amhrisiadwy i'r diwylliant lleol, fel y gwnaeth y Stiwt, gan esgor ar atgofion a fyddai'n para am oes. Ac nid dyna'r unig debygrwydd oherwydd, erbyn i'r Pafiliwn gael ei ddymchwel, roedd sefyllfa'r Stiwt hefyd wedi dechrau dirywio.

Therefore, we now find the Stiwt facing numerous claims for recompense. Twentieth Century Fox calculated their figure at £114 16s 6d, with Paramount Pictures seeking a similar amount. United Artists demanded unspecified fees for films such as *Spellbound* and *Scandal in Paris*, while the extent of business carried out with MGM is hinted at by their separate claims which totalled almost £530. Other distributors added to the clamour for compensation which took up the energies of Ellis Parry for most of the spring of 1948. These sums were not critical to the financial health of the Institute, but Parry's general request to several distributors for 'some concession in terms' suggests they were significant.

Having weathered this storm, thoughts turned once again to the Pavilion. Fresh talks over its purchase began in 1956 and evidence of these offer a fascinating glimpse into the priorities of the Stiwt as the Rock 'n' Roll era dawned.

The records reveal that the Stiwt was now more actively pursuing a deal, whilst N.W. & R. Cinemas (via their legal representatives) were becoming increasingly desperate to sell. Accordingly, the Pavilion was offered to the Stiwt for £12,500, although this price '[was] not a hard one'; in other words, it was open to negotiation. N.W. & R. were also willing to accept a down-payment of £5,000 from the Stiwt with the balance paid at 5% interest over several years. Even a third choice was offered: the Stiwt would be paid £5,000 by N.W.& R. 'in exchange for [an] undertaking not to exhibit films for fifteen years'.

From this it is clear that neither party was interested in the sole ownership and simultaneous operation of two cinemas. In fact, the solicitors acting for N.W. & R. stated 'it would be greatly to the benefit of either cinema for the other one to close down'. To support this claim, figures were produced which suggested that the Palace Cinema would benefit from an extra £3,100 per year should the Pavilion be mothballed.

There were clearly other motives at work in addition to the monopolisation of cinema trade. At an earlier, unminuted meeting, the Pavilion's owners are said to have 'rather gathered that you had in mind the dual purpose of demolishing the Pavilion in order to make a good approach and car park to your new Recreation Ground'. Astonishing as it may seem now, both parties were willing to sacrifice a building once compared to 'the finest halls in our great cities' for the sake of a car park!

As it was, the Stiwt decided not to take up the offer to buy the Pavilion in 1956 and this decision turned out to be a wise one. Within five years the Pavilion was on sale for the greatly deflated cost of £1,500. It was finally sold in 1964 to the Hafod Colliery Social Welfare Committee. Following its inevitable demolition, the much less vaunted Hafod Club was built on the site, and so disappeared a building whose heyday may have belonged to the 1920s and 1930s, but whose contribution to local culture, like that of the Stiwt, created memories that would last a lifetime. The similarities do not end there as, by the time of the Pavilion's demolition, the Stiwt was also in decline.

Clwb yr Hafod fel y mae heddiw

Modern-day view of the Hafod Club

Chapter Four: The Road to Ruin

The tale of this decline is really the tale of a changing society, where the once-dominant coal industry found itself at the mercy of foreign competition and nationalisation. Of the three collieries most closely associated with the Stiwt, Vauxhall had been the first to close in the depression days of 1928. Hafod Colliery succumbed exactly forty years later, and the 'Hafod Hooter', which could be heard across Rhos signalling the beginning and end of each shift, was silenced forever. The last pit in the Denbighshire Coalfield, Bersham, held on for a while longer, finally bowing to the inevitable in 1986.

Sandwiched between the demise of Hafod and Bersham was the closure of the Stiwt itself. This catastrophe occurred in 1977, bearing testament to the loss of 'King Coal' and reflecting a rapidly changing cultural landscape.

The Palace Cinema is perhaps the best indicator of this cultural change. The Stiwt was justifiably proud of its opera singers, intellectual pursuits and the like, but it was the Palace which had consistently allowed the Institute to turn a profit. As the attempted sale of the Pavilion demonstrates, the popularity of community picture-houses was diminishing considerably. These venues were beset on all sides by the post-war expansion of television and the growth of large, modern cinema complexes in urban centres.

The first sign that the Palace was losing its appeal came in the early 1950s, when a report to the Management Committee noted a 'serious' fall in profits for 1953. There was little sense at this stage that the cinema was entering a period of terminal decline. In fact, in January 1955 the Committee decided to invest in Cinemascope at a cost of £1,500. This revolutionary invention allowed movies to be shown in widescreen and it was hoped this latest innovation would entice reluctant patrons back to the Palace. Alas, this was not to be and the cinema returns thereafter show a steady decline. By the end of the decade, cinema revenue is noted as the 'main problem' affecting profitability.

As the Swinging Sixties progressed, it became clear that the cinema's problems were not just financial. Several sources from the period make reference to rowdy and disruptive behaviour, guaranteed to drive away a more discerning crowd. By 1964, the Management despaired of ever eradicating the problem completely. Later, in an attempted rescue bid for the Palace, a Mr Michael Platt bemoaned the cinema's loss of the 'older audience of times past' who, he believed, 'will come back if vandalism or noise is not tolerated'.

Pennod Pedwar: Y Ffordd i Ddistryw

Hanes cymdeithas yn newid yw hanes y dirywiad hwn, mewn gwirionedd, gyda'r diwydiant glo a fu mor gryf a llewyrchus, ar un adeg, yn gorfod wynebu gwladoli a chystadleuaeth ffyrnig o wledydd tramor. O'r tri gwaith glo a fu mewn cysylltiad agos â'r Stiwt, Glofa Vauxhall oedd y cyntaf i gau, yn ystod dyddiau dirwasgiad 1928. Daeth oes yr Hafod i ben union ddeugain mlynedd yn ddiweddarach a rhoddwyd taw am byth ar Hwter yr Hafod y clywid ei sain uwch y Rhos ar ddechrau a diwedd bob sifft. Y pwll glo olaf i gau ym Maes Glo Sir Ddinbych oedd Glanrafon a lwyddodd i rygnu ymlaen am beth amser cyn ymostwng i'r drefn ym 1986.

Wedi ei wasgu rhwng diflaniad yr Hafod a Glanrafon mae tranc y Stiwt ei hun. Digwyddodd y trychineb hwn ym 1977, gan fod yn dyst i farwolaeth 'King Coal' ac adlewyrchu tirwedd diwylliannol a oedd yn newid ar garlam.

Theatr y *Palace* efallai sy'n dangos orau y newid diwylliannol a ddigwyddodd. Yn haeddiannol ddigon, ymhyfrydai'r Stiwt yn ei gantorion opera, a'i weithgareddau deallusol ac yn y blaen ond y *Palace* a sicrhâi fod y Stiwt yn gwneud elw cyson. Fel y mae'r ymgais i werthu'r Pafiliwn yn ei ddangos, roedd poblogrwydd sinemâu cymunedol ar drai. Roedd y mannau hyn yn cael eu gwasgu o bob tu gan ymlediad teledu yn y cyfnod ar ôl y rhyfel a hefyd dwf y lleoedd modern ar gyfer dangos ffilmiau yn y canolfannau trefol.

Daeth yr arwydd cyntaf fod apêl y *Palace* ar drai yn y 1950au cynnar pan nodwyd mewn adroddiad i'r pwyllgor Rheoli fod 'lleihad sylweddol yn yr elw a wnaed ym 1953'. Nid oedd neb yn sylweddoli y pryd hynny fod y sinema ar fin dechrau ar gyfnod o ddirywiad marwol. Yn wir, fis Ionawr 1955, penderfynodd y Pwyllgor fuddsoddi mewn *Cinemascope* ar gost o £1,500. Roedd y ddyfais chwyldroadol hon yn galluogi ffilmiau i gael eu dangos ar sgrîn lydan. Y gobaith oedd y byddai'r newyddbeth diweddaraf hyn yn denu cynulleidfa anfoddog yn ôl i'r *Palace*. Ysywaeth, ni ddigwyddodd hyn a pharhaodd yr enillion i ostwng flwyddyn ar ôl blwyddyn. Erbyn diwedd y degawd, cyfeirir at y ffaith mai'r incwm a godid yn y sinema oedd y 'prif rwystr' rhag gwneud elw.

Y Stiwt ar werth

The Stiwt for sale

Fel yr âi'r Chwedegau Afieithus rhagddynt, roedd yn dod yn amlwg nad problemau ariannol yn unig a wynebai'r sinema. Mae nifer o ffynonellau o'r cyfnod yn cyfeirio at bobl yn ymddwyn yn swnllyd ac aflonyddgar ac roedd hyn yn saff o beri i'r gynulleidfa ddeallus gadw draw. Erbyn

Alongside this anti-social behaviour was the problem of rising staff costs. The arbitrary wages of previous times were long gone and the Stiwt was now required to abide by national pay awards. The upshot of this was the decision to limit film screenings and consequently the costs associated with hiring staff. In June 1964, the usual six screenings a week were reduced to four and, within a year, this became three.

The Management Committee were finally beginning to realise the wider implications of the cinema's demise. Committee meetings made explicit reference not only to the Palace's lack of profitability, but, much more ominously, the impact this would have on 'the future of the Institute'. By now the Stiwt's very survival was at stake.

Thereafter, attempts to save the Palace amounted to little. In March 1973, the final credits rolled as the rental of films formally ended. The nature of this decision, reached by means of a secret ballot and carried by the slender margin of five votes, suitably reflects the enormity of the act. The Palace was gone, its promise of adventure, romance and glamour now existing only in the collective memory of those who'd experienced it in its prime.

Other elements of the Stiwt's operation were floundering long before the final closure of the cinema. On 31 January 1962, the newspaper order was cancelled and the bastion of self-progress, the Library, was set to close for good. This closure echoed a similar fate for Miners' libraries up and down the country. The Education Act of 1944 had supported the growth of Public Libraries, such as the one built in Rhos in 1952, and so lessened the need for more parochial provision. Mine closures also served to reduce the income derived from library membership fees and, quite simply, public repositories offered a better funded alternative to the Miners' libraries.

That the Stiwt existed at all was due to the membership fees of local miners. Hafod's miners were particularly important, as regularly borne out in the Stiwt's accounts. In 1930, for example, Hafod's men can be found contributing £510 per year to the Stiwt's coffers, compared to just £90 from Bersham's miners. Both figures were greatly reduced by the 1960s though, and the main reason for this was the building of a dedicated colliery club, the Hafod Club, in 1964. Increasingly, the miners chose to turn their back on the Stiwt in preference for the predominantly male-dominated atmosphere of the Hafod Club.

This competition also affected billiards and snooker which for so long had been at the forefront of the Stiwt's success. The Stiwt's own billiard club continued, of course, and it was given exclusive use of the original Billiard Hall in May 1964. However, the other billiard hall remained empty; left to the ghosts of the world champions and local heroes who'd once lit up the venue.

1964 roedd y Rheolwyr wedi anobeithio y bydden nhw'n medru cael gwared o'r broblem yn llwyr. Yn ddiweddarach, mewn ymgais i geisio achub y *Palace*, cwynai Mr Michael Platt am golli'r ' gynulleidfa hŷn' a chredai 'y bydden nhw'n dod yn ôl pe bai'r fandaliaeth a'r cadw reiat yn cael eu dileu'.

Ochr yn ochr â'r ymddygiad gwrth-gymdeithasol hyn roedd problemau'r cynnydd yng nghostau cyflogi'r staff. Roedd dyddiau cynnig cyflogau yn ôl mympwy'r foment wedi hen ddiflannu. Bellach roedd yn rhaid i'r Stiwt gydymffurfio â dyfarniadau cyflogau cenedlaethol. Canlyniad hyn fu cyfyngu ar ddangos ffilmiau a thrwy hynny lleihawyd costau hurio staff. Ym Mehefin 1964, aeth y chwe ffilm a ddangosid yn wythnosol i lawr i bedwar ac ymhen y flwyddyn daeth hyn yn dri.

Roedd y Pwyllgor Rheoli o'r diwedd yn dechrau sylweddoli'r goblygiadau ehangach a fyddai'n dilyn tranc y sinema. Mae cyfarfodydd y pwyllgor yn cyfeirio'n benodol nid yn unig at ddiffygion proffidiol y *Palace* ond hefyd, yn llawer mwy bygythiol, at yr effaith y byddai hynny'n ei gael ar 'ddyfodol y Stiwt' . Erbyn hyn roedd parhad y Stiwt yn y fantol.

O hyn ymlaen, prin lawn fu'r ymdrechion i achub y *Palace*. Fis Mawrth 1973 rholiodd y rhestrau cydnabod olaf ar y sgrîn, fel y daeth cyfnod y ffilmiau ar rent yn ffurfiol i ben. Roedd natur y penderfyniad hwn, a wnaed trwy bleidlais gudd ac a aeth drwodd o drwch blewyn pum pleidlais, yn dangos anferthedd y weithred. Roedd y *Palace* wedi mynd, gyda'i addewid o antur, rhamant a hud a lledrith, a bellach bodolai yng nghof torfol y rhai a brofodd wefr y sinema yn nyddiau ei anterth.

Roedd elfennau eraill o weithgareddau'r Stiwt yn dioddef ymhell cyn i'r sinema gau am y tro olaf. Ar 31 Ionawr, 1962, gwelwyd canslo'r archeb bapurau newydd ac roedd un arall o golofnau'r dyhead i ddatblygu'r hunan, sef y Llyfrgell, ar fin cau am byth. Roedd y cau hwn yn adlewyrchu tynged gyffelyb yn hanes Llyfrgelloedd y Mwynwyr ar hyd a lled y wlad. Roedd *Deddf Addysg* 1944 wedi hybu twf Llyfrgelloedd Cyhoeddus, fel yr un a adeiladwyd yn y Rhos ym 1952, ac felly lleihawyd yr angen am ddarpariaeth fwy plwyfol. Roedd cau'r pyllau glo hefyd yn foddion i leihau'r incwm a dderbynnid trwy ffïoedd tâl aelodaeth ac, mewn gair, oherwydd y nawdd ariannol a dderbynient, roedd Llyfrgelloedd Cyhoeddus yn cynnig gwell dewis na Llyfrgelloedd y Mwynwyr.

Llyfrgell Gyhoeddus y Rhos a agorwyd ym 1952

Rhos Public Library, opened in 1952

The Stiwt Minute Books suggest that the most important venture in the eyes of the Management Committee was the Ponciau Banks Recreation Scheme. Sadly, even this would fall victim to the general malaise affecting the Institute from the late 1950s. In 1964, the Banks were finally handed over to the District Council; a pragmatic response to spiralling maintenance costs. This also removed the legal requirement of the Council to pay an annual grant to the Stiwt for community development. Although the Stiwt's management argued strenuously against the grant's withdrawal, their pleas fell on deaf ears. This loss, like the 'new Jerusalem' of the Ponciau Banks, would be final and irreversible.

With hindsight, it is easy to trace the ever-spiralling decline of the Stiwt. Nevertheless, even through the dark days of the 1960s there is still an effort to resist the inevitable. With the decline of the cinema assured, the Management Committee redoubled their efforts to encourage live performance. Unfortunately, attempts to bolster finances backfired dramatically in 1968, following the decision to hire an agent to encourage popular acts.

Arrangements were made for the *Dixie Black and White Minstrel Show* to come to Rhos. This light entertainment show, popularised by the BBC, was still able to draw sizeable audiences and the Management Committee paid a fee to the agent on the back of advance bookings. The show was much publicised and success seemed assured. Alas, the agent was bogus and disappeared with the money! The embarrassment for the Stiwt Committee was acute and the cancellation of the show led not only to financial losses but, perhaps more importantly, a withdrawal of public support.

The whole débâcle surely contributed to an increasing sense of insecurity. Already there had been discussions over Committee re-structuring and even suggestions, from 1967, that the building should be taken over by Wrexham Rural District Council. In a report to the Coal Industry Social and Welfare Organisation (CISWO) of the following year, the Stiwt's Manager, Mr Leslie Richards, makes assurances that greater efforts were being made to shore up the Stiwt's shaky foundations.

These efforts included new ways of making money. One of the most controversial schemes was linked to alcohol. From its very earliest days, the Stiwt stood fast against what one commentator in the *Rhos Herald* had described as 'the glaring menace of drink'. This pride in an unlicensed status survived until the early 1960s when the 'blood-sapping enemy' was introduced into the Institute. In December 1964, a motion for the installation of a licensed bar was actually defeated by five votes to four, with one abstention. Just four years later though, the tide had turned and a new motion was carried by six votes to three. The debate had been heated and on hearing the decision, two outraged members actually left the room 'without permission of the Chair'.

Mae'r ffaith fod y Stiwt yn bodoli o gwbl i'w briodoli i ffïoedd aelodaeth y glowyr. Roedd glowyr yr Hafod yn arbennig o bwysig, fel y dengys cyfrifon y Stiwt yn gyson. Ym 1930, er enghraifft, ceir dynion Glofa'r Hafod yn cyfrannu £510 y flwyddyn i goffrau'r Stiwt o'i gymharu â dim ond y £90 a gafwyd gan lowyr Glanrafon. Roedd cyfraniadau'r naill a'r llall wedi gostwng yn fawr erbyn y 1960au, fodd bynnag, a'r prif reswm am hyn oedd adeiladu clwb penodol i lowyr, sef Clwb yr Hafod, ym 1964. Roedd y glowyr yn troi eu cefnau fwyfwy ar y Stiwt, gan ddewis yn hytrach awyrgylch y cwmni gwrywaidd a geid yng Nghlwb yr Hafod, gan amlaf.

Effeithiodd y gystadleuaeth hon ar y biliards a'r snwcer a fu'n rhan mor amlwg yn llwyddiant y Stiwt. Llwyddodd Clwb Biliards y Stiwt i ddal ymlaen a chael y neuadd filiards wreiddiol iddynt eu hunain ym 1964. Fodd bynnag, roedd yr ystafell filards arall yn aros yn wag; yn gofeb i ysbrydion y pencampwyr byd a'r arwyr lleol a fu'n harddu'r lle.

Mae Llyfrau Cofnodion y Stiwt yn awgrymu mai'r fenter bwysicaf ym marn y Pwyllgor Rheoli oedd Cynllun Adfywio Parc y Ponciau. Byddai hwnn hefyd, yn dioddef helbulon y dirywiad a effeithiodd ar y Stiwt o'r 1950au ymlaen. Ym 1964, trosglwyddwyd Parc y Ponciau i ofal y Cyngor y Dosbarth Trefol; ymateb pragmataidd i'r costau cynnal a chadw cynyddol. Roedd hyn hefyd yn cael gwared ar ofynion cyfreithiol y Cyngor i dalu grant blynyddol i'r Stiwt ar gyfer datblygiadau cymunedol. Er bod rheolwyr y Stiwt wedi dadlau'n ffyrnig yn erbyn colli'r grant, disgynnodd eu cwynion ar glustiau byddar. Roedd y golled hon, fel y 'Gaersalem Newydd' ar Barc y Ponciau, yn derfynol a di-droi'n ôl.

O edrych yn ôl, nid yw'n anodd dilyn hynt dirywiad anochel y Stiwt. Er hynny, hyd yn oed yn ystod dyddiau duon y 1960au, gwelwyd ymdrechion i wrthsefyll yr anochel. Unwaith y daeth helbulon y sinema i ben, dyblodd aelodau'r Pwyllgor Rheoli eu hymdrechion i hyrwyddo perfformiadau byw. Yn anffodus, gwnaed caff gwag sylweddol ym 1968 wrth geisio atgyfnerthu'r sefyllfa ariannol pan benderfynwyd cyflogi asiant i roi hwb i'r celfyddydau poblogaidd.

Gwnaed trefniadau i'r *Dixie Black and White Minstrel Show* ddod i'r Rhos. Roedd y sioe adloniant ysgafn hon, a ddaeth yn boblogaidd drwy raglenni'r BBC, yn dal i ddenu cynulleidfaoedd mawrion a thalodd y Pwyllgor Rheoli ffi i'r asiant ar gorn yr archebion a dderbyniwyd ymlaen llaw. Rhoed sylw mawr i'r sioe mewn hysbysebion ac, i bob golwg, roedd llwyddiant y fenter yn anochel. Yn anffodus, roedd yr asiant yn dwyllwr a diflannodd ef a'r arian! Roedd hyn yn embaras enbyd i Bwyllgor y Stiwt ac mi gostiodd canslo'r sioe yn ddrud, gan arwain nid yn unig at golledion ariannol sylweddol ond, yn bwysicach fyth, collwyd hefyd gefnogaeth y cyhoedd.

Cyfrannodd y llanastr hwn, yn ddiamau, at yr ymdeimlad cynyddol o ansicrwydd. Eisoes bu trafodaethau ynglŷn ag ailwampio'r Pwyllgor a bu rhai hyd yn oed yn argymell, o 1967 ymlaen, y dylid trosglwyddo'r adeilad i ofal Cyngor Dosbarth Wrecsam. Mewn adroddiad i Sefydliad Cymdeithasol a Lles y Bwrdd Glo (*CISWO*) y flwyddyn ddilynol, addawodd rheolwr y Stiwt, Mr Leslie Richards, y byddai mwy o ymdrechion yn cael eu gosod ar y gweill i atgyfnerthu seiliau sigledig y Stiwt.

Roedd yr ymdrechion hyn yn cynnwys dulliau newydd o godi arian. Un o'r rhai mwyaf dadleuol oedd gwerthiant alcohol. O'r dyddiau cynnar ymlaen, gwnaeth y Stiwt safiad cadarn yn erbyn yr hyn a alwodd un sylwebydd yn 'fygythiad enbyd y ddiod gadarn'. Parhaodd yn ymfalchïo yn ei statws di-drwydded tan y 1960au cynnar, pryd yr estynnwyd croeso i'r gelyn gwenwyno gwaed' gamu i mewn i'r Stiwt. Fis Rhagfyr 1964, cynigiwyd y dylid gwneud cais am drwydded bar ond cafodd ei wrthod o bum pleidlais i bedair, gydag un yn atal ei bleidlais. Dim ond pedair blynedd yn ddiweddarach roedd y llanw wedi troi a phasiwyd y cynnig newydd o chwe phleidlais

This was not the only indication of changing times. In March 1958, an application for permission to play tombola had been rejected on the grounds that it would lead to gambling and 'would not be in the best interest of the establishment'. This puritanical tone had vanished by 1968 when tombola was introduced. The justification for this *volte face* was purely financial, as it was anticipated the game would generate an income of approximately £78 16s a week or £315 4s a month. This not inconsiderable sum was clearly enough to outweigh any moral concerns. Bingo nights and the presence of 6d (later 1s) fruit machines in the Stiwt only served to emphasise the changing face of popular culture: one can only speculate as to how these changes would have been viewed by the first Management Committee!

Despite these desperate efforts, the Stiwt's finances continued to present a depressing picture. Performances continued throughout the 1970s though, and theatre agents could still be found selling acts to the Stiwt. A letter from Music International in 1976 even applauded the 'good news that a theatre is actually reversing the trend of the usual closures'. In reality, as the account books reveal, the Stiwt did not deserve such praise.

Accounts for 1972 noted the 'disturbing feature' of bar profits, which had fallen by 5% from the previous year. Similarly, kiosk sales fell by more than £1,700 in the same period. A few years later, escalating debts were also becoming more apparent and court action loomed large. Some of these sums were relatively minor but others were more considerable. For example, in December 1976, North Wales Newspapers were owed £1,664.90, primarily for advertising costs, while breweries were owed the more substantial amount of £4,000. Promises that all would soon be well as the Stiwt awaited a 'considerable injection of capital' proved to be empty. The final accounts for 1976 made for grim reading, with a total debt outstanding of £33,805.64, although it was estimated that this would be reduced by £5,000 within a year.

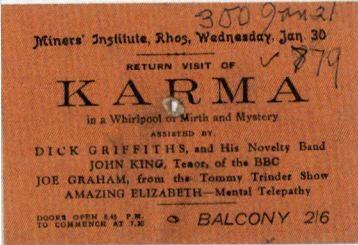

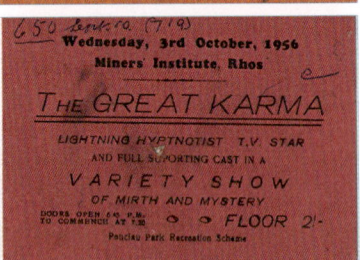

By the 1960s and 70s, gambling in the 'Palace Theatre Club' and variety shows were a more apparent part of the Stiwt's offerings

Erbyn y 1960au a'r 70au roedd gamblo yng Nghlwb Theatr y Palace ac roedd sioeau adloniant yn hawlio mwy a mwy o sylw yn rhaglenni'r Stiwt

This was clearly not enough to ward off danger. By the spring of 1977, CISWO were advising the Stiwt Management Committee to consider closure. M.J.B. Owens, Manager of Bersham colliery and Chairman of the Trustees,

i dair. Bu'n drafodaeth chwyrn a phan gyhoeddwyd canlyniad y bleidlais cythruddwyd dau aelod i'r fath raddau fel y cerddon nhw allan o'r ystafell 'heb ganiatâd y Cadeirydd'.

Nid hwn oedd yr unig arwydd fod pethau'n newid. Fis Mawrth 1958, gwrthodwyd cais am hawl i chwarae tombola oherwydd ofnid y byddai'n arwain at gamblo ac 'na fyddai'n hyrwyddo lles y sefydliad'. Roedd yr agwedd Biwritanaidd hon wedi diflannu erbyn 1968 pan ddechreuwyd chwarae tombola yn y Stiwt. Roedd y cyfiawnhad dros y *volte face* yn un ariannol a dim mwy, gan y disgwylid y byddai'r gêm yn cynhyrchu incwm o tua £78.18s yr wythnos neu £315.4s y mis. Roedd y cyfanswm anrhydeddus hwn yn hen ddigon i dawelu unrhyw bryderon moesol. Roedd gweld nosweithiau Bingo a pheiriannau ffrwythau 6c (wedyn 1s.) yn dangos yn amlwg ddigon fel yr oedd y diwylliant poblogaidd wedi newid ac ni ellir ond tybio sut y byddai'r Pwyllgor Rheoli gwreiddiol wedi ymateb i'r newidiadau hyn.

Ar waethaf yr ymdrechion taer hyn, roedd darllen mantolen ariannol y Stiwt yn parhau i fod yn brofiad torcalonnus. Eto i gyd, roedd perfformiadau'n dal i gael eu cynnal gydol y 1970au a cheir asiantau theatr yn parhau i werthu sioeau i'r Stiwt. Mae llythyr oddi wrth *Music International* at swyddogion y Stiwt, hyd yn oed yn canmol y newyddion da fod y theatr 'yn gwrthdroi'r patrwm cyfoes o gau theatrau'. Mewn gwirionedd, fel y dengys llyfrau cyfrifon, ni haeddai'r Stiwt y fath glod.

Mae cyfrifon 1972 yn nodi arwyddion sy'n peri pryder' ynglŷn â maint yr elw a wnaed o'r bar, sef 5% yn llai na'r flwyddyn flaenorol. Yn yr un modd, roedd gwerthiant y ciosg wedi gostwng o leiaf £1,700 dros yr un cyfnod. Ychydig o flynyddoedd yn ddiweddarach, daw cynnydd y dyledion yn fwy amlwg ac achosion llys yn fwy tebygol. Roedd rhai o'r rhain am symiau bychain ond roedd eraill yn fwy sylweddol. Er enghraifft, ym mis Rhagfyr 1976 roedd y Stiwt mewn dyled o £1,684.90 i *North Wales Newspapers* yn bennaf oherwydd costau hysbysebion, tra oedd y bragdai'n dal i aros am £4,000. Gwnaed addewidion gwag y byddai popeth yn iawn toc. gan fod y Stiwt 'yn disgwyl chwistrelliad sylweddol o arian'. Mae darllen mantolen derfynol 1976 yn brofiad erchyll, gan ei bod yn dangos dyledion heb eu talu o £33,805.64 er yr amcangyfrifid y byddai'r swm hwn yn cael ei ostwng i £5,000 o fewn y flwyddyn.

was quick to point out that the Stiwt was not incurring new debts. Instead, in a letter to the Secretary of CISWO's North Western Committee, Owens explained:

> The main source of income... has for many years been the use of the Main Hall as a Cinema... [which] was never run on a truly commercial basis – possibly due to the lack of expert and professional administration.

Patently, Owens believed the Institute's problems were historic. The loss of the Ponciau Banks had been a major impediment to income-generation, whilst the attempt to recoup such losses through the installation of bar facilities had led to significant internal strife. The Stiwt's cultural and intellectual ethos had been lost and, for many, the building now existed 'merely to provide drinking facilities'. Owens listed the reasons for the current state of affairs thus:

1. Changing attitudes towards entertainment

2. Lack of facilities

3. Steadily declining condition of [the] building

4. Succession of poor stewards

It is clear that the Committee itself was divided. On 17 June 1977, the *Daily Post* reported the resignation of Councillor Gwyn Evans, who had been unhappy with the strategy of his fellow trustees. Amid claims of a £33,000 debt, Evans stated that 'it's time we looked seriously at closing the Institute' adding, 'the people of Rhos ought to know what's going on'.

The Institute was on the brink of closure, but even at this stage there was a sense of defiance and a strong feeling that it should continue to play a part 'in meeting the social needs of the area'. This time, however, defiance was not enough, and Owens recognised that 'a tremendous spirit to win exists but the burden to be shouldered is crippling'.

In July 1977, the Stiwt closed its doors, the electricity was turned off and the chimes of the clock were silenced.

Mae'n amlwg nad oedd hyn yn ddigon i wrthsefyll y perygl. Erbyn gwanwyn 1977, ceir *CISWO* yn cynghori Pwyllgor Rheoli'r Stiwt i ystyried cau'r adeilad. Roedd M.J.B. Owens, Rheolwr Glofa Glanrafon a Chadeirydd yr Ymddiriedolwyr yn barod ei ateb, gan dynnu sylw at y ffaith nad oedd y Stiwt yn pentyrru dyledion newydd. Yn hytrach, mewn llythyr at Ysgrifennydd Pwyllgor Gogledd Orllewin *CISWO* mae Owens yn egluro mai'r:

> brif ffynhonnell incwm ... dros y blynyddoedd fu'r defnydd a wnaed o'r Brif Neuadd fel Sinema ... ac na chafodd ei rhedeg ar seiliau masnachol go iawn, yn fwy na thebyg oherwydd prinder gweinyddwr arbenigol a phroffesiynol.

Mae'n amlwg fod Owens yn credu mai rhywbeth hanesyddol oedd problemau'r Stiwt. Roedd colli Parc y Ponciau wedi bod yn rhwystr enfawr o ran cynhyrchu incwm tra oedd ceisio adennill rhai o'r colledion trwy osod bar yn yr adeilad wedi achosi peth wmbredd o ymrafael mewnol. I lawer, collwyd ethos diwylliannol a deallusol y Stiwt, ac roedd yr adeilad bellach yn bodoli 'dim ond er mwyn darparu cyfleusterau diota'. Mae Owens yn crynhoi'r rhesymau dros gyflwr cyfredol y sefyllfa fel hyn:

1. Agweddau tuag at adloniant yn newid

2. Diffyg cyfleusterau

3. Cyflwr yr adeilad yn graddol ddirywio

4. Cyfres o stiwardiaid gwael.

Roedd yn amlwg fod rhaniadau yn y Pwyllgor Rheoli ei hunan. Ar 17 Mehefin 1977 cyfeiria'r *Daily Post* at ymddiswyddiad y Cynghorydd Gwyn Evans a oedd wedi bod yn anfodlon ar strategaeth ei gyd-ymddiriedolwyr ers tro byd. Ynghanol yr holl stŵr am ddyledion o £33,000, dywedodd Evans ei bod 'yn hen bryd ystyried o ddifrif cau'r Stiwt', gan ychwanegu, 'dylai pobl y Rhos gael gwybod am yr hyn sy'n digwydd'.

Roedd y Stiwt ar fin cau. Ond hyd yn oed ar yr awr olaf hon, ceid ymdeimlad o herio'r drefn ac roedd teimlad cryf y dylai'r adeilad barhau i chwarae ei ran 'i ddiwallu anghenion cymdeithasol yr ardal'. Y tro hwn, fodd bynnag, nid oedd herio'n ddigon a chyfaddefodd Owens fod 'ysbryd heriol aruthrol i ennill yn dal i fodoli ond bod pwysau'r beichiau yr oedd yn rhaid eu hysgwyddo yn ormod'.

Fis Gorffennaf, 1977, caewyd drysau'r Stiwt, diffoddwyd y trydan ac aeth clychau'r cloc yn fud.

Chapter Five: 'Save the Stiwt': Appeal & Regeneration

The clock remained silent for some months, symbolising for many the death knell of a building whose significance lay in the past. The silence was temporary, however, as William Edwards resumed his daily winding in September 1977, and the Westminster chimes resounded once again over Rhos. Unfortunately, the Stiwt's own revival was not to be such a simple matter. The journey from closure to re-opening was fraught with difficulty and disappointment. For long periods, demolition seemed not so much a possibility as a certainty.

Almost immediately debate over the Stiwt's future began. In addition to public discussion, there were numerous official meetings of various council bodies, often held behind closed doors. With hindsight, it is apparent that this was a time of deep divisiveness and contradictory opinion.

In 1978 a report was prepared by Wrexham Maelor Borough Council. This provides a stark insight into the official position at that time. The report listed a number of the Stiwt's positive features and highlighted its potential. There was recognition that the Stiwt could 'provide a venue for entertainment for the District in a prestigious building which has a strong cultural heritage'. It could be developed into a ready-made civic theatre with good money making opportunities in its concert, cabaret and bar rooms. But such advantages were seriously outweighed by a much longer list of negative features. These ranged from poor parking facilities and distance from Wrexham, to the way in which the Stiwt might jeopardise existing venues, such as Plas Madoc Leisure Centre and the William Aston Hall.

The most damning section of the report relates to 'repair and renewal'. This was based on the findings of the Director of Public Works, Mr Myers, dated 23 February 1978. The main problem was topographical due to the fact that the Stiwt was built on an area which had been extensively mined. In addition to costly site investigations, Myers concluded that running the Stiwt as a going concern would produce an annual deficit of between £20,000 and £25,000 at 1977 prices. Predictably, the conclusion of the report was negative:

> In view of its geographical location and the distance from Wrexham, it is felt that the [Stiwt] theatre as a district facility is not a viable proposition... If a profit was to be made at the Institute, then a commercial concern would have taken up the reins.

Pennod Pump: 'Achub y Stiwt': Apêl ac Adfywiad

Bu'r cloc yn fud am rai misoedd, symbol i lawer o gnul angau adeilad y perthynai ei arwyddocâd i'r dyddiau a fu. Dros dro yn unig y bu'r distawrwydd, fodd bynnag, gan fod William Edwards, ym mis Medi 1977, wedi ailgydio yn ei dasg ddyddiol o weindio'r cloc ac unwaith eto roedd y clychau Westminster yn seinio uwch y Rhos. Yn anffodus, ni fu adfywiad y Stiwt ei hunan yn fater mor rhwydd. Bu'r daith o'r cau i'r ailagor yn un llawn anawsterau a siomedigaethau. Am gyfnodau maith, ystyrid y byddai dymchwel yr adeilad yn gam anochel yn hytrach nag yn rhywbeth a allai ddigwydd.

Dechreuodd y ddadl dros ddyfodol y Stiwt bron ar unwaith. Yn ogystal â thrafodaethau cyhoeddus, cynhaliwyd llawer o gyfarfodydd gan gyrff y gwahanol gynghorau, yn aml y tu ôl i ddrysau caeëdig. O edrych yn ôl, mae'n amlwg bod hwn yn gyfnod o raniadau dyfnion a safbwyntiau croes.

Ym 1978, paratowyd adroddiad gan Gyngor Bwrdeistref Wrecsam Maelor. Mae'r adroddiad yn cynnig cipolwg di-flewyn-ar-dafod ar safbwyntiau swyddogol y cyfnod. Mae'r adroddiad yn rhestru nifer o nodweddion positif am y Stiwt, gan dynnu sylw at botensial yr adeilad. Roedd yn cydnabod y gallai'r Stiwt 'gynnig cartref i bob math o adloniant ar gyfer yr ardal a hynny mewn adeilad mawreddog ag iddo draddodiad diwylliannol gwych'. Gellid ei ddatblygu'n theatr ddinesig barod a allai gynnig cyfleoedd i wneud elw trwy drefnu cyngherddau, *cabaret* ac addasu ystafelloedd ar gyfer bar. Ond roedd rhestr feithach y nodweddion negyddol difrifol yn troi'r fantol yn erbyn y manteision hyn. Roedd y rhain yn amrywio o gyfleusterau parcio gwael i bellter y safle o Wrecsam, ac roedd pryder y gallai'r Stiwt beryglu dyfodol lleoedd fel Canolfan Hamdden Plas Madog a neuadd William Aston.

Mae Adran fwyaf damniol yr adroddiad yn cyfeirio at 'atgyweirio ac adnewyddu'. Roedd hyn wedi'i seilio ar ddarganfyddiadau Cyfarwyddwr Gweithfeydd Cyhoeddus, Mr Myers, dyddiedig 23 Chwefror 1978. Y brif broblem oedd topograffi, oherwydd bod y Stiwt wedi ei adeiladu mewn ardal lle bu llawer iawn o gloddio am lo. Yn ogystal â chostau archwilio'r safle, daeth Myers i'r penderfyniad y byddai rhedeg y Stiwt yn arwain at golled flynyddol o rhwng £20,000 a £25,000, yn ôl prisiau 1977. Nid yw'n syndod felly mai negyddol fu canlyniadau'r adroddiad:

> Oherwydd ei leoliad daearyddol a'r pellter o Wrecsam, ystyrir nad yw'r (Stiwt) fel cyfleustra i'r ardal yn fenter ymarferol ... Pe bai elw i'w wneud o'r Institiwt, yna byddai busnes masnachol wedi hen gipio'r awenau.

O ystyried natur bendant yr adroddiad, nid yw'n syndod i Gyngor Bwrdeistref Wrecsam bleidleisio yn erbyn prynu'r Stiwt, ar waetha cynnig Cyngor Bro'r Rhos i gyfrannu £5,000 yn flynyddol. Byddai'r gwrthodiad hwn, serch hynny, yn gosod y llwyfan ar gyfer cyfnod o weithredu cymunedol i ddiogelu'r adeilad ar gyfer yr oesoedd a ddel.

Given the undeniable tone of the report, it comes as no shock that Wrexham Maelor Council voted against buying the Stiwt, despite an offer of a £5,000 yearly contribution from Rhos Community Council. This refusal, though, would set the scene for a new era of community action designed to safeguard the building for generations to come.

'Save the Stiwt Committee'

A pivotal meeting held in the Spring of 1978 at the Bonc Wen Community Centre saw the formation of a 'Save the Stiwt Committee', which would come to play a vital role in the Stiwt's early regeneration.

The aim of this Committee was to encourage Wrexham Maelor Council to reverse its decision and buy the Stiwt. If successful, the building would then be managed by the people of Rhos as a charitable Trust. The solicitor, Tudor Williams, acting as Committee Secretary, formulated a draft plan along these lines in the summer of 1978. Under the plan, Rhos Community Council would become the custodian trustees and lease the Stiwt after it had been bought by Wrexham Council. The plan was unanimously approved by the Committee, whose members also included community councillors.

Wrexham Council still needed to be convinced though as disputes over the costs involved continued to rage. However, the people of Rhos proved their support for the custodian proposal in a petition containing over 1,200 names. Eventually, the campaigning paid off. An auction took place at Bonc Wen on 10 October 1978 under the auspices of Wingetts and Son. Here the Council's bid set by the District Valuer was accepted, although it would take another year for contracts to be exchanged. Finally, in October 1979 the Stiwt came into the legal ownership of Wrexham Council.

In this same month, Tudor Williams addressed a special meeting of the Community Council where the principle of the 'Custodian Trustee Plan' was formally accepted. Moreover, the Community Council had already agreed to allocate £10,000 to support the Stiwt and was willing to review this amount annually.

Unfortunately, this promising start could not be sustained; it was a case of empty promises and little action. The fears of many were realised in July 1980 when the Chief Executive of Wrexham Maelor Council received official notification that Rhos Community Council would not sign the Custodian Trustee Plan; a decision reached by a 'large majority'. An article in *Nene* entitled 'The Stiwt – the hour of shame and disgrace' encapsulated the feeling of betrayal. There was a clear perception that Rhos Council had reneged on its agreement and by so doing 'the promises by the people of Rhos have become the subject of mockery and derision throughout the district'.

'Pwyllgor Achub y Stiwt'

Gwanwyn 1978 cynhaliwyd cyfarfod yng Nghanolfan Gymunedol Bonc Wen a fu'n drobwynt yn hanes y Stiwt a cheir 'Pwyllgor Achub y Stiwt' yn cael ei ffurfio, pwyllgor a fyddai'n chwarae rhan bwysig dros ben yn ymdrechion cynnar adfywiad y Stiwt.

Bwriad y pwyllgor hwn oedd annog Cyngor Wrecsam Maelor i newid ei benderfyniad a phrynu'r Stiwt. Pe bai'n llwyddo, yna byddai'r adeilad yn cael ei reoli gan bobl y Rhos fel Ymddiriedolaeth elusennol. Y cyfreithiwr Tudor Williams oedd Ysgrifennydd y Pwyllgor a lluniodd amlinelliad o gynllun i gyflawni hyn yn haf 1978. Yn ôl y cynllun, byddai Cyngor Bro'r Rhos yn dod yn ymddiriedolwyr gwarchodol o brydles y Stiwt ar ôl iddo gael ei brynu gan Gyngor Wrecsam. Derbyniwyd y cynllun yn unfrydol gan aelodau'r Pwyllgor a oedd hefyd yn cynnwys cynghorwyr cymunedol.

Roedd mawr angen argyhoeddi Cyngor Wrecsam Maelor, gan fod y dadleuon ffyrnig ynglŷn â'r costau'n parhau. Fodd bynnag, dangosodd pobl y Rhos eu cefnogaeth gref i'r cynllun gwarchodol trwy ddeiseb a oedd yn cynnwys 1,200 o enwau. O'r diwedd, fe dalodd yr holl ymgyrchu ar ei ganfed. Cynhaliwyd ocsiwn ym Monc Wen ar 10 Hydref, 1978, dan ofal Wingetts and Son. Yn hon, derbyniwyd y cynnig a wnaed gan y Cyngor ar sail yr hyn a bennwyd gan y Prisiwr Dosbarth. Byddai'n cymryd blwyddyn arall cyn i'r cytundebau gael eu cyfnewid. O'r diwedd, yn Hydref 1970, daeth y Stiwt yn eiddo cyfreithlon i Gyngor Wrecsam.

Yn ystod yr un mis, roedd Tudor Williams yn annerch cyfarfod arbennig o'r Cyngor Bro pryd y derbyniwyd yn ffurfiol egwyddor y 'Cynllun Ymddiriedolaeth Warchodol'. Yn ogystal, roedd y Cyngor Bro eisoes wedi cytuno i neilltuo £10,000 i gefnogi'r Stiwt ac roedd yn barod i adolygu'r cyfanswm hwn bob blwyddyn.

Yn anffodus, ni lwyddwyd i gadw at yr addewidion hyn a bu'n achos o addewidion gwag yn unig heb fawr o weithredu. Gwireddwyd ofnau nifer o bobl, fis Gorffennaf 1980, pan dderbyniodd Prif Weithredwr Cyngor Wrecsam Maelor lythyr swyddogol gan Gyngor Bro'r Rhos yn cyhoeddi na fyddent yn arwyddo'r Cynllun Ymddiriedolaeth Warchodol; gwnaed y penderfyniad ar sail 'mwyafrif mawr'. Mewn erthygl yn *Nene* dan y pennawd 'Y Stiwt - awr gwarth a chywilydd' daliwyd yr ymdeimlad o frad. Roedd yn ymddangos yn amlwg iawn fod Cyngor y Rhos wedi torri addewid wrth beidio ag arwyddo'r cytundeb ac yn sgil hynny roedd 'addewidion pobl y Rhos wedi dod yn destun dirmyg a gwawd ar hyd a lled yr ardal'.

Fel canlyniad i hyn, ymddiswyddodd Tudor Williams o Bwyllgor Achub y Stiwt a daeth y pwyllgor i ben yn fuan wedyn. Rhwystrwyd ei ymdrechion gan ddiffyg cefnogaeth oddi mewn. Fel y dywed *Nene* 'Mae hon yn stori drist: ... ein Cyngor Bro ni ein hunain, yn taro'r hoelen olaf i mewn i arch bywyd ein pentref'.

Ar waethaf y ffiasgo hwn, parhaodd y gefnogaeth i'r Stiwt er bod ei ddyfodol yn cael ei reoli gan Gyngor Wrecsam ac nid gan bobl y Rhos. Roedd y Cyngor yn barod wedi comisiynu adroddiad a oedd yn cynnwys y dewis 'i ddymchwel yr Institiwt ac efallai ddefnyddio'r safle ar gyfer adeiladu tai'. Ac felly, dechreuodd yr ymgyrch i geisio cadw'r Cyngor o blaid y Stiwt.

As a result, Tudor Williams resigned from the Save the Stiwt Committee and the Committee itself came to an end soon afterwards. Their efforts had been thwarted by the lack of support from within. As *Nene* stated: 'This is a tragic story: ...our own Community Council striking the final nail into the coffin of our village life'.

Despite this fiasco, support for the Stiwt continued, although its fate would be dictated by Wrexham Council, not the people of Rhos. Already, the Council had commissioned a report which included an option to 'demolish the Institute and possibly use the site for housing purposes'. And so the campaign to keep the Council on-side began.

Saving the Stiwt: Phase One

Leading this campaign was Nancy Jones of Rhos. J.T. Edwards may have dominated the Stiwt story in its early days but it is Nancy Jones who proved to be his most worthy successor. Her impassioned pleas to the Guildhall ensured that the question of the Stiwt's future could not be ignored for long. She writes confidently of the Stiwt's potential and even sets out suggestions for raising money. Her proposal to raise funds – with 5,000 people contributing £1 per month for three years – is redolent of some 60 years earlier, when similar community philanthropy brought the Stiwt into being in the first place. In April 1982, Nancy's persistence paid off when she was informed that the Council had set up the Rhos Miners' Institute Sub-Committee to investigate, 'in the hope that the Institute can be brought back to life either in full or in part in the not too distant future'. Hope sprang eternal.

During this time of continual information-gathering, one particularly illuminating report was Peter Bevan's *A Wrexham Theatre Survey*, compiled in December 1982. Written on behalf of the Wrexham & District Association for the Arts, the report considered current and future requirements for performing arts in the Borough. With the Stiwt, Bevan hoped to 'encourage some further action to resolve a most unhappy situation'. Specific features, like the Stiwt's unique facility for 'flying scenery' are highlighted, as is the building's 'cultural tradition'.

However, despite a sound structure, the author calculates a rough estimate for repairs and modernisation would be in the region of £500,000. Even with his partial eye, Bevan concludes that such expenditure could not be justified. At the same time he does suggest that a local campaign of fundraising might be successful, especially given the 'intense feeling' which the Stiwt still aroused in Rhos. Still, this appeared to be a long shot to say the least; momentum had stalled and Bevan refers to a 'deadlock' on the Stiwt's future. Such stultification was exemplified by the Wrexham Council sub-committee on the Stiwt, formed the year before, which had yet to hold a meeting!

Achub y Stiwt : Cam Un

Yn arwain yr ymgyrch hwn roedd Mrs Nancy Jones. Efallai mai J.T. Edwards a hawliodd y lle mwyaf blaenllaw yn hanes cynnar y Stiwt ond Nancy Jones a ddaeth i'r amlwg fel olynydd tra theilwng iddo. Sicrhaodd ei herfyniadau taer na allai Neuadd y Dref anwybyddu dyfodol y Stiwt am hir. Mae'n ysgrifennu'n hyderus ynglŷn â photensial y Stiwt ac mae hyd yn oed yn cyflwyno awgrymiadau ynglŷn â chodi'r arian angenrheidiol. Mae ei hawgrym i godi arian - sef bod 5,000 o bobl yn cyfrannu £1 y mis dros dair blynedd - yn adleisio'r hyn a ddigwyddodd 60 mlynedd ynghynt, pan ddaeth y Stiwt i fod trwy haelioni dyngarol cymunedol cyffelyb. Yn Ebrill 1982, talodd dyfalbarhad Nancy ar ei ganfed pan ddywedwyd wrthi fod y Cyngor wedi sefydlu Is-bwyllgor Institiwt y Rhos i gynnal ymchwiliad 'yn y gobaith y gellir adfywio'r Stiwt naill ai'n gyfan gwbl neu'n rhannol yn y dyfodol agos'. Ni phalla gobaith.

Yn ystod y cyfnod hwn o gasglu gwybodaeth cyson, lluniwyd adroddiad dadlennol gan Peter Bevan, *A Wrexham Theatre Survey* yn Rhagfyr 1982. Cafodd ei lunio ar ran Cymdeithas Celfyddydau Wrecsam a'r Cylch, ac mae'r adroddiad yn pwyso a mesur gofynion presennol a dyfodol y celfyddydau perfformio o fewn y Fwrdeistref. Parthed y Stiwt, gobeithiai Bevan 'ennyn brwdfrydedd dros ysgogi ymdrechion i ddatrys sefyllfa drist dros ben'. Tynnir sylw at nodweddion penodol, fel adnoddau unigryw'r Stiwt yn cynnig 'setiau golygfeydd ehedol' yn ogystal â'i 'draddodiad diwylliannol'.

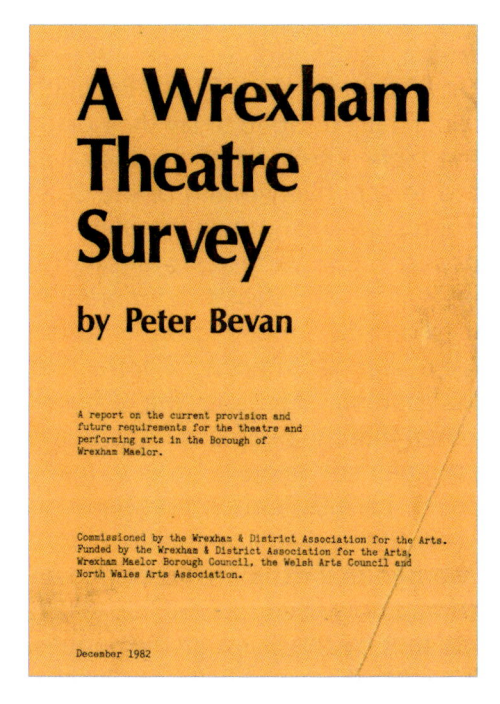

Fodd bynnag, er bod yr adeilad yn bur gadarn, roedd yr awdur yn amcangyfrif y byddai'r costau atgyweirio a moderneiddio tua £500,000. Er ei fod mor unllygeidiog bleidiol i achos y Stiwt, ni allai hyd yn oed Bevan weld sut y gellid cyfiawnhau'r fath wariant. Ar yr un pryd, mae'n awgrymu y gallai ymgyrch codi arian lleol fod yn llwyddiannus, yn enwedig o gofio gymaint o 'deimladau dwys' y medrai'r Stiwt ei ennyn yn y Rhos. Eto i gyd, roedd hyn yn ymddangos yn gryn fenter: roedd momentwm wedi ei golli ac mae Bevan yn cyfeirio at y ffaith fod y rhai fu'n trafod dyfodol y Stiwt wedi methu'n lân â chytuno. Enghraifft berffaith o'r sefyllfa aneffeithiol, barlysol hon oedd is-bwyllgor Cyngor Wrecsam a ffurfiwyd yn benodol i drafod y Stiwt - fe'i sefydlwyd y flwyddyn flaenorol ond nid oedd eto wedi cynnal un cyfarfod !

Erbyn 1983 roedd y Stiwt wedi bod yn wag am chwe blynedd. Cafodd ei ddisgrifio gan Les Chamberlain yn y *Wrexham Leader* fel 'eliffant gwyn monolithig' y Cyngor, ac roedd yn amlwg bod traul y blynyddoedd wedi peri difrod enbyd i'r adeilad. Bu sôn ysbeidiol am genhadaeth i achub y lle - cafwyd adroddiad mewn un papur newydd fod gan ddyn busnes, nad oedd am gael ei enwi, ddiddordeb mewn creu canolfan 'aml-gyfrwng' yn y Stiwt. Roedd hyn yn rhannol y tu ôl i benderfyniad Cyngor Wrecsam i gynnal arolwg annibynnol o'r adeilad ar gost o ryw £3,000.

By 1983 the Stiwt had stood empty for over six years. Described by Les Chamberlain in the *Wrexham Leader* as the Council's 'monolithic white elephant', it was clear that the ravages of time were taking their toll on the building. There was sporadic talk of a rescue mission; one newspaper reported that an anonymous business man was interested in creating a 'multi-media' centre at the Stiwt. This was partly behind Wrexham Council's decision to instigate an independent survey of the building at a cost of some £3,000.

As the end of the year loomed, though, little progress had been made. Officials and would-be investors prevaricated while the Stiwt, and the hopes of the community, continued to crumble.

Any prevarication on the part of officialdom was mitigated by the unflagging efforts of the Rhos community. *Nene* continued to fly the flag for the Stiwt through its editorials and Nancy Jones was relentless in her lobbying of Wrexham Council. Her correspondence was measured, combining a denunciation of their seeming cultural indifference and unwillingness to act with an appraisal of the positive community benefits to be derived from the building's re-opening. Above all, she maintained complete confidence in the people of Rhos and an unshakeable faith that they would play their part in the campaign for the Stiwt's resurrection.

On 28 September 1984, the Borough Council finally decided to lay their cards on the table. The local community was invited to a public viewing of the Stiwt between 2pm and 6pm on that day. The purpose of this viewing was to emphasise the extent of the Stiwt's deterioration, prior to an open meeting on its future at Bonc Wen Community Centre that same evening. Perhaps the Council imagined that the people of Rhos would give up their cultural jewel now so many had seen its dilapidation first hand. In addition, the packed Community Centre was warned that estimated repair costs, which had now risen to £750,000, could not be met by the Borough authorities. Such negativity served only to galvanise support. From the packed crowd of around 500 people, a committee of twelve villagers were chosen to look at the business of finance. The message was clear: the Stiwt would never die.

Rooms under repair

Ystafelloedd yn cael eu trwsio

Fel yr agosâi diwedd y flwyddyn, nid oedd pethau wedi symud ymlaen ryw lawer. Roedd y swyddogion a'r rhai a fwriadai fuddsoddi yn dal i osgoi dod i benderfyniad tra oedd y Stiwt (heb sôn am obeithion y gymuned) yn graddol ddadfeilio.

Roedd anwadalu ar ran y swyddogion bondigrybwyll yn cael ei liniaru rywfaint gan ymdrechion diflino cymuned y Rhos. Roedd *Nene* yn dal ymlaen i chwifio'r faner ar ran y Stiwt yn ei olygyddol ac roedd Nancy Jones wrthi'n ddi-baid yn gwasgu ar aelodau Cyngor Wrecsam. Roedd ei llythyrau yn gytbwys, fodd bynnag, yn cyfuno beirniadaeth hallt o'u diffyg diddordeb ymddangosiadol mewn diwylliant a'u hanfodlonrwydd i weithredu ynghyd â gwerthfawrogiad o'r bendithion cymdeithasol positif a fyddai'n deillio o weld yr adeilad yn ailagor. Yn bennaf, ni phallodd ei hyder llwyr ym mhobl y Rhos a'i ffydd diysgog y byddent yn chwarae eu rhan yn yr ymgyrch dros atgyfodi'r Stiwt.

Ar 28 Medi 1984, penderfynodd Cyngor y Fwrdeistref, o'r diwedd, osod eu cardiau ar y bwrdd. Estynnwyd gwahoddiad i'r gymuned leol ddod draw i fwrw golwg ar y Stiwt rhwng 2.00 a 6.00 o'r gloch y pnawn. Bwriad yr archwiliad cyhoeddus hwn oedd pwysleisio cymaint yr oedd y Stiwt wedi dirywio, cyn bod y cyfarfod agored yn cael ei gynnal yng Nghanolfan Bonc Wen, y noson honno, i drafod dyfodol yr adeilad. Efallai fod y Cyngor yn dychmygu y byddai pobl y Rhos am roi'r gorau i'w trysor diwylliannol unwaith y byddai cymaint ohonyn nhw wedi gweld y dirywiad drostynt eu hunain. Ar ben hynny, cafodd y rhai a oedd yn y Ganolfan Gymunedol, a oedd dan ei sang, eu rhybuddio bod costau'r atgyweirio bellach wedi codi i £750,00, cyfanswm na allai awdurdodau'r Fwrdeistref ei dalu. Ni wnaeth y fath sylwadau negyddol ond deffro'r awydd i gefnogi'r Stiwt yn fwy brwd. O blith y 500 o bobl a oedd yn y ganolfan orlawn, ffurfiwyd pwyllgor o ddeuddeg o'r pentrefwyr i fwrw golwg ar y sefyllfa gyllidol. Roedd y neges yn glir: ni fyddai'r Stiwt byth yn marw.

Erbyn Ebrill 1985 roedd y pwyllgor dibrofiad hwn wedi ymffurfio'n Gymdeithas Gymunedol y Celfyddydau a Hamdden y Stiwt. Cytunodd yr Athro Glyn O. Phillips, brodor o'r Rhos a Phrifathro Gweinyddol Athrofa Gogledd Ddwyrain Cymru i fod yn Noddwr y sefydliad.

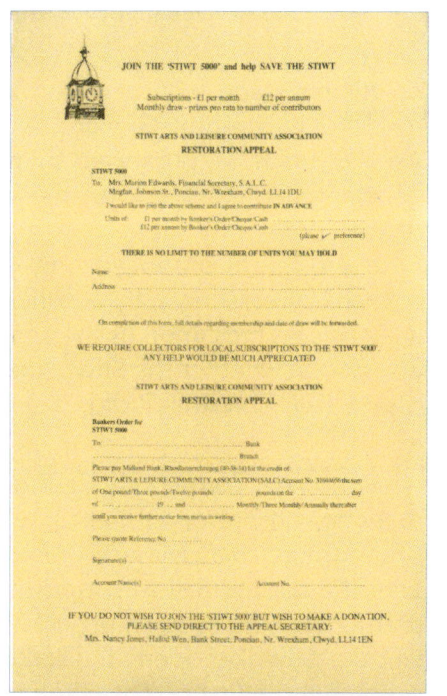

Llenyddiaeth ymgyrchu Apêl Achub y Stiwt

Campaign literature from the 'Save the Stiwt' Appeal

By April 1985, this fledgling committee was formalised into the Stiwt Arts and Leisure Community Association which would now spearhead the restoration campaign. Professor Glyn O. Phillips, a native of Rhos and Executive Principal of the North East Wales Institute, agreed to become the Patron of this organisation.

At this stage, efforts were directed primarily towards a general appeal for funds for renovation. One crucial aspect of this was the publication of a bilingual Appeal Brochure, organised by the Appeals Secretary, Nancy Jones. The cover design shows the clock on the eleventh hour as, in Nancy's words, 'a symbol of the community's last chance to SAVE THE STIWT!' A total of 5,000 of these brochures were produced and 1,000 posters at a cost of £796.95 which was covered, interestingly, by a donation from the Rhos Community Council. This in itself was an indication of the sea-change which had taken place. The focus now was not on whether the Stiwt would survive, but on raising enough publicity and capital to ensure that it did.

Bonc Wen Community Centre was the setting once again for another historic meeting, on Friday 28 February 1986. Here, the 'Save the Stiwt Appeal' was officially launched. Mr Jack Clarke, Chairman of the Appeal Committee, presided over the packed hall as supportive speeches were made, brochures distributed and fundraising suggestions mooted. The crucial question of course was: When will the Stiwt be opened? Clarke explained that opening would be a phased event, but the first goal was to raise £40,000 to open some parts of the building.

And so the first phase of the restoration appeal was well and truly launched. Fundraising events of all kinds took place, including formal concerts, fun runs, raffles, sponsored knits and a parachute jump. Nancy Jones' idea for the 'Stiwt 5000 Club' also came into being, with members paying £1 each to be entered into a monthly raffle.

Within a year, the Annual General Meeting of the Appeal Committee announced the overall fundraising effort had generated £10,000; a considerable achievement. There was still a long way to go though, especially as the original figure of £40,000 for basic repairs had been revised upwards to take account of essential tasks such as weatherproofing. The new figure was £67,000 and this, lest we forget, was only to make a couple of small rooms in the Stiwt serviceable.

Newspaper reports suggest there were still some who doubted the wisdom of the whole enterprise, which was understandable given the as yet uncalculated costs likely to be involved in full restoration. However, the determination of the Appeal Committee, coupled with continued community backing for the Stiwt, drowned out the occasional voices of doubt and opposition - for now. The enterprise received a further confidence boost in the winter of 1987. CADW acknowledged the Stiwt as a Grade II listed building which not only increased its cultural and historic credentials, but made it eligible for wider sources of funding.

Ar y dechrau, canolbwyntiwyd yn bennaf ar apêl gyffredinol am nawdd ariannol ar gyfer yr atgyweirio. Un agwedd hollbwysig ar hyn oedd cyhoeddi Pamffledyn Apêl dwyieithog wedi ei lunio gan yr Ysgrifennydd Apeliadau, Nancy Jones. Ar gynllun y clawr ceir y cloc â'i fysedd yn dangos yr unfed awr ar ddeg ac fel yr eglura Nancy, dyma 'symbol o ddewis olaf y gymuned i ACHUB Y STIWT!' Cynhyrchwyd 5,000 o'r pamffledi hyn a 1,000 o bosteri yn ogystal am gost o £796.05, ac, yn ddiddorol ddigon, bu cyfraniad ariannol gan Gyngor Bro'r Rhos yn ddigon i dalu'r treuliau hyn. Roedd hyn ynddo'i hunan yn arwydd o'r newid aruthrol a oedd wedi digwydd. Roedd y canolbwyntio bellach nid ar broblemau parhad y Stiwt ond ar greu digon o gyhoeddusrwydd a chodi arian i sicrhau y byddai'n goroesi.

Bonc Wen oedd y llwyfan unwaith eto ar gyfer cyfarfod hanesyddol a gynhaliwyd nos Wener, 28 Chwefror 1986. Yma y lansiwyd 'Apêl Achub y Stiwt' yn swyddogol. Mr J. Clarke, Cadeirydd y Pwyllgor Apêl, oedd llywydd y cyfarfod ac roedd y neuadd dan ei sang. Cafwyd areithiau cefnogol, dosbarthwyd pamffledi a chafwyd awgrymiadau ynglŷn â dulliau codi arian. Y cwestiwn pwysig, wrth gwrs, oedd: 'Pryd bydd y Stiwt yn ailagor?'. Eglurodd Clarke y byddai'r agoriad yn cael ei wneud yn raddol, gam wrth gam, ond mai'r nod cyntaf fyddai codi £40,000 er mwyn agor rhannau o'r adeilad.

Ac felly y lansiwyd cam cyntaf yr apêl atgyweirio o ddifrif. Cynhaliwyd pob math o weithgareddau codi arian o gyngherddau ffurfiol i rasys hwyl a sbri, rafflau, gweu noddedig, a naid parasiwt. Daeth syniad Nancy Jones am 'Glwb 5000' i'r fei gyda'r aelodau'n talu £1 y pen i gymryd rhan mewn raffl misol.

O fewn blwyddyn, cyhoeddwyd yn y Cyfarfod Cyffredinol Blynyddol fod cyfanswm yr hyn a godwyd gan yr holl weithgareddau yn £10,000: cryn gamp. Roedd tipyn o ffordd i fynd er hynny, yn enwedig am fod y swm gwreiddiol o £40,000 ar gyfer atgyweiriadau sylfaenol wedi ei adolygu a'i godi er mwyn cynnwys tasgau angenrheidiol fel diogelu'r adeilad rhag y tywydd. Y cyfanswm newydd oedd £67,000 ac roedd hyn, cofier, ond yn ddigon i fedru defnyddio ryw un neu ddwy o ystafelloedd bychain y Stiwt.

Mae adroddiadau'r wasg yn awgrymu bod nifer yn dal i godi amheuon ynglŷn â doethineb ystyried y fenter gyfan ac nid yw hyn yn syndod o gofio beth fyddai cyfanswm holl gost yr atgyweiriadau nad oedd, hyd eto, wedi ei gyfri'n fanwl. Fodd bynnag, roedd penderfyniad diwrthdro'r Pwyllgor Apêl i achub y Stiwt, ynghyd â chefnogaeth gyson y gymuned, yn rhoi taw ar leisiau'r amheuwyr a'r gwrthwynebwyr a glywid nawr ac yn y man - am y tro.

Cafodd y fenter hwb yn ystod gaeaf 1987. Penderfynodd CADW gydnabod y Stiwt fel Adeilad Cofrestredig Gradd II a olygai nid yn unig fod y Stiwt wedi cael hwb i'w statws fel canolfan hanesyddol a diwylliannol, ond roedd hefyd yn agor drysau i nifer o ffynonellau ychwanegol a gynigiai nawdd ariannol. Gwnaed cynnydd amlwg yn ystod Medi 1988 pan ddechreuodd yr adeiladwyr J. Francis Roberts ar y dasg hollbwysig o wneud yr adeilad yn ddiogel ar gyfer y cyhoedd. Cyhoeddodd y wasg leol y byddai 'Calon y pentref, yn fuan iawn, yn curo unwaith eto' mewn cymuned a oedd wedi 'Uno i Ddiogelu ei Threftadaeth'.

Byrhoedlog fu'r ysbryd optimistaidd hwn, er hynny, pan ddangosodd archwiliadau hyd a lled y pydredd sych a gwlyb a oedd wedi treiddio drwy'r to a'r waliau. Roedd mynd i'r afael â'r broblem hon yn ddrud dros ben ac roedd yn llawer mwy na'r hyn y gallai'r Pwyllgor Apêl ei fforddio yr adeg honno. Gallai Cyngor y Fwrdeistref helpu ond eglurodd Chris Leech, Cyfarwyddwr y Gweithfeydd Cyhoeddus, nad oedd eu cyllideb ar gyfer atgyweiriadau o'r fath fawr mwy na £15,000, gryn dipyn yn llai na'r amcangyfrif o £171,000 yr oedd ei angen i

Visible progress was made in September 1988, when building contractor J. Francis Roberts began the all-important task of making the building safe for use. The local press reported that the 'Heart of the village could soon be beating again' in a community that was 'United to Save History'.

This spirit of optimism was to be short-lived though as investigations revealed the extent to which dry and wet rot had been allowed to pervade the building's roof and walls. Dealing with this particular problem was expensive and went far beyond the means of the fundraising effort at this stage. The Borough Council would help but Chris Leech, Director of Public Works, explained that their budget for such repairs ran only to £15,000, a far cry from the estimated cost of £171,000 to stop the rot. By October 1988, the headlines which had recently spoken of re-birth, now spoke of destruction, with more than one commentator urging the council to 'consider the possibility of demolition'.

Once again the story turns into a battleground, where harsh economic reality faced-off against community spirit and determination. For some, the Stiwt was a rotting building and a financial liability; for others its historic and communal importance superseded the most negative balance sheet. Not for the first time, and certainly not for the last, this almost evangelical belief in community superiority won through.

In November 1988, following a meeting between Wrexham Council and the Stiwt Arts and Leisure Community Association, it was agreed that fundraising should continue and appeals for grants should intensify. There was recognition, too, of the 'army of volunteers' whose valuable practical skills helped to offset some of the costly building work. To the outsider, this meeting changed little. To the volunteers battling for the Stiwt's survival, it represented a vital stay of execution. For now at least, the bulldozers were held back.

Rhos 1990

A memorable milestone in the saga of resurgence came in the spring of 1990, with the staging of a community play in the Stiwt's very dilapidated auditorium. The idea for a bilingual play, which would showcase Rhos and its immediate surroundings, was first mooted by two professional actors from the village, Stifyn Parry and Bethan Jones, in 1987. This ambitious venture was formally known as 'Rhos 1990', following a suggestion by Gareth Pritchard Hughes, and it would be reliant from the start on the active involvement of the community. To this end, a 'Rhos 1990 Steering Committee', chaired by Elisabeth Gilpin, was established in 1988 to co-ordinate the gargantuan effort.

gael gwared o'r pydredd. Erbyn Hydref 1988, roedd y penawdau a fu'n sôn ychydig ynghynt am aileni, bellach yn sôn am ddinistr, gyda mwy nag un sylwebydd yn annog y Cyngor i 'ystyried dymchwel yr adeilad yn llwyr'.

Unwaith eto mae'r hanes yn troi'n faes brwydr gyda realiti economaidd llym yn wynebu ysbryd cymunedol penderfynol. I rai, adeilad yn pydru a baich ariannol oedd y Stiwt ond i eraill roedd iddo bwysigrwydd hanesyddol a chymdeithasol a fyddai'n troi'r fantol o'i blaid pa mor anobeithiol bynnag fyddai'r fantolen ariannol. Nid am y tro cyntaf nac ychwaith y tro olaf bu'r gred - efengylaidd bron - yn uwchraddoldeb y gymuned yn fuddugol.

Fis Tachwedd 1988, yn dilyn cyfarfod rhwng Cyngor Wrecsam a Chymdeithas Gymunedol Celfyddydau a Hamdden y Stiwt, cytunwyd y dylai'r ymgyrch codi arian barhau ac y dylid dwysau'r ymdrechion i apelio am grantiau. Cydnabuwyd hefyd fod 'byddin o wirfoddolwyr' ar gael a allai gynnig eu harbenigedd ymarferol i leihau rhywfaint ar gostau'r gwaith adeiladu drud. I'r sawl o'r tu allan, ni newidiodd y cyfarfod hwn fawr ddim. I'r gwirfoddolwyr a oedd yn ymladd i achub y Stiwt, roedd yn golygu bod y ddedfryd farwol wedi cael ei hatal. Am y tro, beth bynnag, roedd y teirw dur wedi cael eu dal yn ôl.

Rhos 1990

Cyrhaeddwyd carreg filltir gofiadwy yn saga'r adfywio yng ngwanwyn 1990 pan lwyfannwyd sioe gymuned ym mhrif awditoriwm tra adfeiliedig y Stiwt. Daeth y syniad gwreiddiol am sioe ddwyieithog a fyddai'n tynnu sylw at y Rhos a'r cylch gan ddau actor proffesiynol a hanai o'r Rhos, Stifyn Parry a Bethan Jones. Byddai'r fenter uchelgeisiol hon a adwaenid yn ffurfiol yn 'Rhos 1990' ar awgrym Gareth Pritchard Hughes, yn dibynnu'n gyfan gwbl, o'r dechrau cyntaf, ar ymrwymiad a chyfraniad y gymuned. I'r diben hwn, ffurfiwyd 'Pwyllgor Llywio Rhos 1990', ym 1988 gydag Elisabeth Gilpin yn gadeirydd, i gyd-drefnu'r ymdrech enfawr hon.

Denai'r gweithdai drama dros 200 o bobl yn gyson, gyda chyw actorion yn ymgeisio am rannau yn y ddrama, tra bu Cymdeithas Hanes Lleol y Rhos wrthi'n ddygn yn ymchwilio i gefndir y gwahanol themâu a chasglu deunydd ar gyfer y sgript. Roedd y gwaith gwirfoddol yn anhygoel a cheir blas o'r holl weithgareddau amrywiol yn adroddiadau'r wasg, o drwsio to ac ail-blastro i weu noddedig a ffeiriau mefus.

Clawr rhaglen 'Half Year End'

Programme cover for 'Half Year End'

Enw swyddogol y ddrama oedd *Half Year End*. Ysbrydolwyd y teitl gan y modd y byddai Cymdeithas Adwerthu'r Co-op yn gweithio yn y dyddiau cynnar, pan fyddai'r aelodau'n clirio eu cyfrifon ac yn derbyn difidend bob hanner blwyddyn. Gwelid y weithred hon o 'gyfrif stoc' fel metaffor addas i'r Rhos, cymuned oedd yn talu ei dyled i hanes ac yn edrych ymlaen i'r dyfodol.

Drama workshops in action

Gweithdy Drama ar waith

Regular drama workshops attracted over 200 people as would-be actors looked to stake their claim for a role, whilst the Rhos Local History Society researched the various themes and collected material for the script. The voluntary work was astounding and newspaper reports capture the diversity of this effort, from roof repairs and re-plastering, to sponsored knits and strawberry fairs.

The play would officially be called *Half Year End*. The title was inspired by the early workings of the co-operative retail society, whose members settled their accounts and received a dividend every half-year. This physical act of 'taking stock' was seen as a fitting metaphor for Rhos; a community that was paying its debt to history and looking forward to the future.

All this hard work and determination would be for nothing unless the Stiwt Arts and Leisure Association was able to legitimise the ownership and function of the building. Happily, on 27 February 1990 Wrexham Council granted a 21 year lease to the Association. The Mayor, Councillor Vic Robinson, signed the lease which was placed in the hands of the trustees: Martyn Jones, Tudor Williams, Berwyn Dodd, John Alfred Clarke and Cecil Edwards. Once again, the Stiwt's rightful role as the arts and entertainment hub of the community had been restored.

Signing of the Trust Deed in 1990

Arwyddo'r weithred ymddiriedolaeth ym 1990

With the legalities settled, and before the play could take place, it was time for the official re-launch of the Stiwt. This began with a service of consecration on 25 March 1990, led by Reverend Elfyn Richards. An audience of 300 gathered and, for many, this would have been the first time they had seen the inside of the Stiwt since its closure. The rousing

Cyril Jones un o 'fyddin y gwirfoddolwyr' yn ailosod llechi ar do'r Stiwt

Cyril Jones, just one of the 'army of volunteers', replacing slates on the Stiwt's roof

Byddai'r holl waith caled a'r dygnwch yn ofer pe bai Cymdeithas Ymddiriedolaeth Celfyddydau a Hamdden y Stiwt yn methu â chyfreithloni perchnogaeth a dibenion yr adeilad. Yn ffodus, ar 27 Chwefror 1990, cynigiodd Cyngor Wrecsam brydles am 21 o flynyddoedd i'r Gymdeithas. Arwyddwyd y brydles gan y Maer, y Cynghorydd Vic Robinson, ac fe'i rhoddwyd i ofal yr ymddiriedolwyr: Martyn Jones, Tudor Williams, Berwyn Dodd, John Alfred Clarke a Cecil Edwards. Unwaith eto, roedd y Stiwt yn chwarae ei briod ran fel canolbwynt Celfyddydau ac adloniant yn y gymuned.

Gyda bod y materion cyfreithiol wedi eu cwblhau, a chyn bod y ddrama'n cael ei llwyfannu, daeth yn amser cynnal ail-lansiad swyddogol y Stiwt. Dechreuwyd y lansio gyda gwasanaeth cysegru ar 25 Mawrth 1990, dan arweiniad y Parchg. Elfyn Richards. Daeth cynulleidfa o 300 ynghyd ac, i lawer, dyma fyddai'r tro cyntaf iddyn nhw weld y tu mewn i'r adeilad er pan gafodd ei gau. Mae'n siŵr fod seiniau cyffrous emyn-donau fel *Guide me O thou great Jehova, Dros Gymru'n Gwlad, a Tydi a wnaeth y wyrth* wedi creu awyrgylch emosiynol ac roedd yn ddull addas iawn i osod y llwyfan ar gyfer perfformiadau'r ddrama *Half Year End* a redodd 29 Mawrth hyd 5 Ebrill.

Cafwyd pob math o weithgareddau codi arian ar gyfer 'Rhos 1990' o weu noddedig i osod blodau, sioe ffasiynau a boreau coffi i ginio gyda Dug Westminster

Fundraising activities for 'Rhos 1990' took all forms, from sponsored knits, flower arranging, fashion shows and coffee mornings, to lunch with the Duke of Westminster

strains of hymns such as *Guide me O Thou great Jehovah*, *Dros Gymru'n Gwlad* and *Tydi a wnaeth y wyrth* must have made for an emotional atmosphere and provided a fitting platform for the *Half-Year End* play which would run from 29 March to 5 April.

In a special *Nene* supplement, Gareth Pritchard Hughes reported on the carnival-like atmosphere which led up to the performance, with 'bunting above the main street, and shopkeepers in costume'. The popularity of the actual event was evident in the queues, some of which stretched back as far as the Hafod Club.

The show itself, written by Gruffudd Jones and directed by Bethan Jones, captured the historical narrative of Rhos. It opens in the present day, with the Stiwt beset by vandals. Through a series of flashbacks, the audience then follows the experiences of one Rhos family, from the 1926 General Strike to pit closures and war. These dramatic events were interwoven with personal stories and song to capture the fabric of the community.

Queues for 'Half Year End', the likes of which hadn't been seen for a generation

Ciwiau na welwyd eu tebyg am genhedlaeth yn aros i weld 'Half Year End'

At the centre of this community, and the play, is the Stiwt itself. In the final act, Ann and Idwal are left to muse on a Rhos very familiar to all those present:

> <u>Ann:</u> ...why is the Stiwt a ruin? Why are there gaps where there used to be houses and shops?
>
> <u>Idwal:</u> But it's not the end. This community is still alive and kicking. We just have to make sure everyone knows it. There are people, volunteers, working here to try and save the Stiwt.

The play ends with the approach of a JCB, symbolic of the very real threat hanging over the future of the Stiwt, before the audience is invited to 'keep the beast at bay'.

Mewn atodiad arbennig o *Nene,* mae Gareth Pritchard Hughes yn disgrifio'r awyrgylch carnifal a arweiniodd at y perfformiad gyda 'baneri'n chwifio uwchben y brif stryd a siopwyr wedi eu gwisgo yn nillad y cyfnod'. Roedd y ciwiau hirion, rhai ohonyn nhw'n ymestyn yn ôl cyn belled â Chlwb yr Hafod, yn dangos yn eglur pa mor boblogaidd oedd y digwyddiad ei hunan.

Llwyddodd y sioe a ysgrifennwyd gan Gruffudd Jones a'i chyfarwyddo gan Bethan Jones i ddal naratif hanesyddol unigryw y Rhos. Mae'n agor yn y presennol gyda fandaliaid yn ymosod ar y Stiwt. Trwy gyfres o ôl-fflachiadau, mae'r gynulleidfa'n dilyn hynt a helynt un teulu o'r Rhos, o gyfnod Streic Gyffredinol 1926 i gyfnodau cau'r pyllau a'r rhyfel. Ceir storiâu personol a chaneuon yn gweu trwy'r digwyddiadau dramatig, gan ddal anadl einioes y gymuned.

Yn ganolbwynt i'r gymuned a'r ddrama mae'r Stiwt ei hunan. Yn yr act olaf, gadewir i'r cymeriadau Ann ac Idwal fyfyrio uwchben darlun o'r Rhos a oedd yn gyfarwydd iawn i bawb yn y gynulleidfa:

Ann: ...pam mae'r Stiwt yn adfail? Pam mae 'ne fylchau gweigion lle bu tai a siopau?

Idwal: Ond ddim dyma'r diwedd. Mae'r gymdeithas yn dal yn fyw ac iach. 'Doesond rhaid inni wneud yn siŵr fod pawb yn gwybod hynny. Mae 'ne bobl, gwirfoddolwyr, yn gweithio yma i geisio achub y Stiwt.

Actorion yn ymarfer golygfa'r 'Ddamwain mewn Pwll Glo' yn 'Half Year End' a'r cantorion yn mynd trwy eu pethau

Actors rehearsing the 'Pit Accident' scene for 'Half Year End' and singers going through their paces

Mae'r ddrama'n cloi gyda JCB yn agosáu, symbol o realiti'r peryglon a oedd yn bygwth dyfodol y Stiwt cyn bod y gynulleidfa'n cael gwahoddiad i 'gadw'r bwystfil draw'.

Roedd maint y cynhyrchiad yn ddigon o ryfeddod; roedd yn cynnwys 82 o blant, 180 o actorion, pum côr a Band Arian y Rhos, heb sôn am y gefnogaeth dechnegol gefn llwyfan. Bu Rhos 1990 yn enghraifft o gydweithio o'r dechrau cyntaf, gan gynnwys y llwyfannu ei hunan. Roedd y gynulleidfa a'r actorion yn rhannu'r un lle yn y brif awditoriwm, gan fod rhai'n gwylio'r sioe o'r rhesi seddau oddi uchod tra oedd eraill yn gweu trwy ei gilydd yn y rhannau agored islaw. Roedd iaith y ddrama, yn ogystal, yn wead o Saesneg a Chymraeg, heb sôn am nifer o eiriau yn nhafodiaith y Rhos, ymadroddion na all neb ond y Rhosiaid eu deall.

Elwyn Dodd ac Alwen Pritchard ('Idwal' ac 'Ann') yn ystod rihyrsal

Elwyn Dodd and Alwen Pritchard ('Idwal' and 'Ann') during rehearsal

The scale of the production was impressive, comprising 82 children, 180 actors, five choirs and the Rhos Silver Band, not to mention backstage technical support. 'Rhos 1990' was a collaboration from the start and this even extended to the staging itself. The audience and actors shared the space in the main auditorium, as some watched from tiered seating above, while others mingled in the open spaces below. The language of the play, too, was a fusion of English and Welsh, not to mention a number of colloquialisms which only a Rhos native could have understood!

Half-Year End was an outstanding success, both artistically and financially. Newspaper reviews remarked upon this 'major triumph' and in many ways it signalled the turning point in the Stiwt's regeneration. The production, in the words of noted theatre consultant Martin Carr, had 'created a sense of purpose that cannot be easily ignored'.

However, for actors and audience alike, the play must also have been something of a bittersweet experience. Theatrical success could not disguise the very visible signs of decay in a once proud building. Rotting roof timbers and invasive dry rot were only part of the problem as virtually every room required extensive restoration.

Scenes from the critically acclaimed 'Half Year End' performance

Golygfeydd o berfformiadau Half Year End y bu canmol mawr iddo

HALF YEAR END

EACH FOR ALL · ALL FOR EACH

PROLOGUE
YOUNG VANDALS
- Linda Williams
- Bethan Edwards
- Andrea Joseph
- Linda Davies
- Nicola Price

Idwal	Elwyn Dodd
Ann	Alwen Pritchard
J. Rhosydd Williams	Lloyd Hitchmough
Stan	Hugh Lloyd Morris

ACT ONE 1926

Harriet	Eleanor Owen
Young Idwal	Gavin White/Steffan Jarvis
Jane	Emma Harries/Jessica Davies
Twm	Richard Valentine/Dyfan Morris
John	Berwyn Dodd
William	Geraint Dodd
Ted Twice	Keith Roberts
Joe Cockney	David Watkins
Wac Swigen	Gareth Williams
Co-op Assistant 1	Mary Valentine
Co-op Assistant 2	Ann Vernon
Enid	Cerys Jones
Mair	Nicola Roberts
Modwena	Cynthia Jones
Sara	Brenda Jones
Sali Iwchwmwrdwr	Elisabeth Gilpin
Swsi	Julie Schleising
Women in Co-op	Helen Morgan, Gwenda Jarvis, Ann Jones
Boy in Co-op	Matthew Owens/William Griffiths
Mr. Jones, Manager	Harold Roberts

Planty yn chware tu allan i'r Co-op
Children playing outside the Co-op

- Andrew White — Geraint Davies
- Carys Landing — Jon Jones
- Sara Morris — Lowri Jarvis
- Carys Jarvis — Aled Tomos Jones
- Dyfan Jarvis — Dyfed Tomos Jones
- Siwan Parry — Robert Parry
- Bethan Hodgkinson — Gareth Lloyd Hitchmough
- Delyth Hughes — Delyth Thomas
- Matthew Owens — Aled Lloyd Roberts
- William Griffiths — Aled Rhys Williams
- Rebecca Owens — Cerwyn Davies
- Christopher Schleising Carys Schleising

Officer	Aled Roberts
Guardian 1	Paul Edwards
Guardian 2	Dave Watts
A.J. Cooke	John Williams
Joe	Lloyd Hitchmough
Sam	Owain Smith
Miner	Dafydd Iwan Morgan
Harmonica Player	Arnold Thomas
Liverpudlian Maid	Eirlys Williams
George	John White
Nora	Annette White
Doris	Julie Schleising
Sergeant	Paul Schleising
Bessie	Llinos Roberts

Plant y streic / Soup kitchen children

- Rhiannon Priestly — Geraint Davies
- Carys Parry — Dylan Rhys Jones
- Sarah Corley — Laura Edwards
- Hayley Jones — Adam Williams
- Rhian Jones — Jamie Price
- Sarah Auwen Phillips Carys Roberts
- Beth Elen Wright — Llinos Griffiths
- Sian Davies — Natalie Williams
- Huw Rolands — Edward Jones

Martha	Valerie Roberts
Olwen	Helen Griffiths
Docter Dafis	Dennis Mills
Rescuer	John Williams

CERDDORION - MUSICIANS

BAND ARIAN RHOS SILVER BAND
Arweinydd/Conductor - Merfyn Hughes

CYFEILYDD/ACCOMPANIST
Julie Edwards

ARWEINYDD/CONDUCTOR
Christopher Benstead

COR MEIBION Y RHOS	John Tudor Davies . Acc. Haydn Bowen	(March 29/April 3/4/5)
COR ORFFIWS Y RHOS	John Glyn Williams . Acc. Julie Edwards	(March 30, 31/April 2)
CANTORION RHOS	W. Tudor Jones . Acc. Clare Sullivan	(March 29, 30/April 3,5)
COR PENSIYNWYR Y RHOS	Emyr James . Acc. Kathryn Parry Rowlands	(March 30 / April 2)
RHOS AND DISTRICT W.I. CHOIR	Brenda Jones . Acc. Mrs. N. Smith Edwards	(April 2)

Original Music Composed By
CHRISTOPHER BENSTEAD

Additional Music

BEETHOVEN -	O! Ma Hi'n Braf (from Fidelio)	
DAVIES -	O! Na Byddai'n Haf o Hyd (Unawdydd/Soloist - Arthur Ellis)	
ROBERTS -	In Memoriam	
QUILTER -	Non Nobis Domine	(April 2)
JAMES -	Mae yn Fyw	(March 30/April 4)
HANDEL -	O Iôr Ein Tad D'anfeidrol Nerth	
QUILTER -	Tiwlipiaid	(March 29, 31/April 3, 5)

PROMENADERS
Please feel free to walk about following the action
our stewards will assist you. Please be considerate to
other audience members.

WARNING
There will be several loud bangs in Act Two.

ACT TWO - WORLD WAR TWO

Jac Jones	Dennis Gilpin
Bellmon	Gareth Williams
Bob Gofid	Dennis Mills
Ned Lanky	Glyn Edwards
Meri Ifans	Stella Roberts
Stanle Plimson	Tudor Rowlands
Brenda	Valerie Roberts
Jane	Llinos Roberts
Mary	Angela Jones
Sheila	Angela Moore
June	Helen Morgan
Sam, Bevin Boy	Lloyd Hitchmough

Evacuees from Liverpool

	Christopher Burman Helen Griffiths
	Tracey Lloyd Geraint Glyn Phillips
	Phillip Dodd Geraint Williams
	Julie McLaren Siau Elen Jones
	Gerwyn Davies Matthew White
	Menna Jones Nia Jarvis

Plant y Rhos / Rhos Children

- Gareth Davies — Owain Davies
- Dafydd Hannaby — Philip Prydderch
- Trystan Derbyshire — Daniel Owen
- Dewi Sion Davies — Gwennan Williams
- Nerys Hannaby — Carl Hodgkinson
- Dewi Williams — Robert Corley
- Dafydd Llion Griffiths Catrin Hughes
- Gareth Daniel — Dylan Powell
- Beth Wyn Davies — Geraint Peter

	Tomas Davies Kate Pugh
Sybil Thorndyke	Myra Edwards Smith
Lewis Casson	Brian Dodd
Beti	Jean Powell Jones
Meira	Lynne Alice Williams
Stella	Elisabeth Pritchard
Sylvia	Rhian Jones
Susan	Annette White
Karl	Paul Schleising
Heulwen	Karen Wilson
Teacher	Marian Jones
Tom	David Watkins
Dic	Keith Roberts
Harry	Hugh Morris
Wil	Vincent Morris
RSM Forrester	John White
Elfed	Gareth Williams
Robert Richards	Barrwn Dodd
Speaker	Graham Phillips
Chorus	Helen Morgan, Gwenda Jarvis, Rhian Jones, Dwynwen Jones.

EPILOGUE

Stiwt Volunteer 1	Paul Edwards
Stiwt Volunteer 2	Aled Roberts
Stiwt Chairman	David Evans
Woman	Nansi Evans

TIM GYMUNEDOL COMMUNITY TEAM

CYNHYRCHU/PRODUCTION

Gwisgoedd/Costume — Joan Griffiths, Edna Roberts, Hilary Woolley, Gwyneth Lloyd, Ann Davies, Gloria Davies, Nancy Jones, Edna Davies, Gaynor Griffiths, Sioux Hodgkinson, Hilary Jones, Doreen Hill, Hazel Scott, Jennifer Jones, Cynthia Jones, Diane Davies, Stella Roberts, Myfi Hughes, Mary Burman, Rhona Jones, Eluned Parry, Jenny Pemberton, Menna Jones, Helen Morgan, Mrs. Trimborne, Enid Peters, Hilda Jones, Marian Griffiths, E. Jones, Dorothy Broadbent, Ann Dafis Jones, Alicia Jones, Rhian Griffiths, Jean Powell Jones, Mary Rogers, Menna Davies, Menna Davies, Cerys Jones, Cheryl Dodd, Margaret Dunn, Rosemary Price, Hilary Pemberton, Alison Jones, Vera Parry, Mary Lauder, Wena Evans, Maud Jones, Glenys Macdonald

Adeiladu/Set Construction — Steven Bevan, Richard Evans, Wyn Jones, Kevin Parry, Dyfed Davies, Hubert Evans, Elwyn Evans, John Rees, Arthur Ellis, Elwyn Dodd, Clifford Davies, Peter Roylance, Graham Phillips, Dennis Gilpin, Ieuan Roberts, Kevin Williams, Samuel Jones, John Williams, Karl Formstone, Leon Potts, Richard Thomas, Geraint Wyn Jones, Eddie Davies, Elwy Williams, Caerwyn Jones, Clifford Williams, David Harris, Bernard Woolford, Mark Griffiths, Owain Smith, Dylan Jones, David Morris, Eifion Williams

Rheoli Llwyfan/Celfi/Cynllunio/Stage Management Props/Design — Emma Hawkes, Ann Jenkins, Nicola Howard, Sharon Roden, Nicola Price, Nerys Jenkins, Llinos Morgan, David Jones, Sioux Hodgkinson, Paul Richards, Marion Edwards, Justin Groves, Aled Richards, Jenny Lamont, Karl Thomas, Kevin Owens, Aled Davies, Aled Pritchard Hughes, Aaron Jones, Dyfed Davies, Gwynn Wright, Mark Becker, Arthur Jarvis, Katherine Tunnah, Eileen Parry, Margaret Lanes, Gerald Sproston, Mathew Jordan Roberts, Kevin Garrigon

Goleuo/Lighting — Graham Phillips, John Williams
Sain/Sound — Peter Roylance, Karl Formstone, Justin Kerumble

Chaperones — Rhoda Rees, Gwyneth Williams, Sian Hitchmough, Ann Davies, Blodwen Davies

GWEINYDDU/ADMINISTRATION

Swyddfa/Office — Paula Owens, Gwyneth B. Jones, Gwyneth Lloyd, Marion Griffiths, Kathy Jones, Betty Williams, Cerys Jones, Edna Roberts, Nan Roberts, Helen Morgan, Katherine Phillips, Heulwen Williams, Menna Jones, Nicola Price, Marion Jones, Llinos Morgan, Myra Edwards Smith, Menna Williams, Keith Roberts, Jean Powell Jones, Stella Roberts, Brenda Jones, Sian Hitchmough, Stella Roberts, Nancy Jones, Betty Ellis, Menna Davies, Stephen Greenall, Anna Wright, Darren Baker, Ceris Jones, Stuart Evans, Ann Hughes, Doris Williams, Iris Williams, Sian Davies, Vera Parry, Eluned Parry, Gwyneth Williams, Doris Williams, Nancy Jones, Lee Hughes

Swyddfa/Docynnau/Stiwardio/Box Office & Stewarding — Nancy Jones, Marion Griffiths, Melanie Weir, Eirian Owen, Mike Smith, Sheila Haycock, Fi Carrington, David Groom, Anna Reid, Lowri Edwards, Andi Lovatt, Hilary Woolley, Beti Phillips Morris, Jason Woodhouse, Diane Darlington, Pete Wilson, Sian Hitchmough, Catrin Edwards, Betty Ellis, Kathy Jones, Menna Davies, Jean Powell Jones, Marion Jones, Eluned Parry, Sali Williams, Helen Morgan, Olwen Lewis, Nancy Hughes, Cyril Griffiths, Abel Whalley

---

LLYWYDD/PRESIDENT: Cynghorydd/Councillor J.R. Thomas
NODDWYR/PATRONS: Y Dug Westminster/ His Grace The Duke of Westminster
Mr. Martyn James M.P./A.S.
Mr. Meredith Edwards
Mr. Ian McKellen

Y PWYLLGOR/THE COMMITTEE

Cadeirydd/Chairman - Elisabeth Gilpin — Is-Cadeirydd/Vice Chairman - Elwyn Evans
Ysgrifennyddes/Secretary - Helen Griffiths — Trysorydd/Treasurer - Gareth Williams

Valerie Roberts — Sioux Hodgkinson
Brenda Jones — John Rees
Geraint Wyn Jones — Barry Roberts
Glyn Edwards — Dennis Gilpin
Keith Roberts — Betty Ellis
Stella Roberts — Marion Edwards
Sian Hitchmough — Nansi Evans
Nancy Jones — Rhoda Rees
Menna Davies — Phyllis Formstone
Anna Wright — John Williams
Ceris Jones — Ieuan Roberts
Ann Hughes

TIM PROFESIYNOL/PROFESSIONAL TEAM

CYFARWYDDWRAIG/DIRECTOR - Bethan Jones	CYFARWYDDWR CERDD/MUSICAL DIRECTOR - Christopher Benstead
CYNLLUNYDD SET/SET DESIGNER - Richard Aylwin	CYNLLUNYDD GWISGOEDD/COSTUME DESIGNER - Chris Lee
CYFARWYDDWR TECHNEGOL/TECHNICAL DIRECTOR - Ian Hill	CYDRADDWRAIG/CO-ORDINATOR - Sandra Blue
SGRIPT/SCRIPT - Gruffudd Jones, Bethan Jones	

PROFFESIYNWYR ERAILL YN CYNORTHWYO / OTHER PROFESSIONALS ASSISTING

Y SIOE/THE SHOW	GWEITHDAI/WORKSHOPS
Mark Lewis Jones	Dylan Davies
Paul Drake	Stifyn Parri
Llinos Ann Jones	David Broughton Davies
Melanie Weir	Dora Jones
Eirian Owen	Dyfed Thomas
Mike Smith	
Sheila Haycock	
Fi Carrington	
Gwen Williams	
Gwyneth B. Jones	
Joyce Wilson	
Rhona Jones	
Ansi Edwards	
Hilary Woolley	
Beti Phillips Morris	
Diane Darlington	
Sian Hitchmough	
Betty Ellis	
Kathy Jones	

TIM FIDIO/VIDEO TEAM
GWEITHDAI/WORKSHOPS
Martin Williams — Karl Formstone
Tracey Owen

TIM FIDIO CYMUNEDOL CLWYD/CLWYD COMMUNITY VIDEO TEAM
CYDRADDWR/CO-ORDINATOR - Eddie Meek

Y Cast a'r Criw a wnaeth Half Year End yn bosibl

Cast and Crew who made 'Half Year End' possible

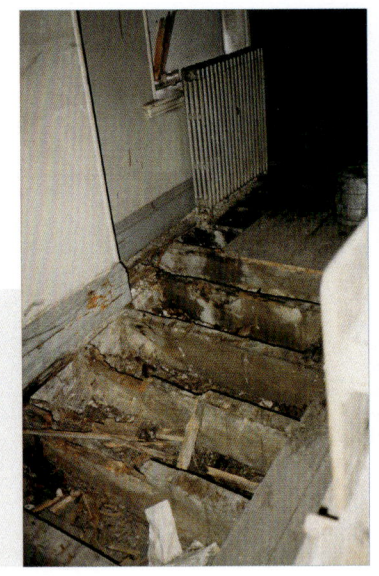

Rotting timbers and mould were a visible reminder of the mammoth task ahead

Distiau wedi pydru a llwydni a oedd yn dystion gweladwy o anferthedd y dasg i ddod

The Political Dimension

From 1990, there is clear evidence showing that the momentum of funding and the value of the grants received began to escalate. By the end of the year, grants totalling £105,000 from the Welsh Office and Wrexham Council found their way into the Stiwt's coffers.

However, the optimism brought by these considerable awards was tinged with caution. Repair works were more problematic than envisaged and the estimates for a full restoration were rising weekly. Uncertainty was also generated by the situation facing Bonc Wen Community Centre. This facility had taken on many of the Stiwt's previous entertainment functions and also acted as headquarters for the Community Council. Like the Stiwt, the Community Centre needed restoration work and modernisation, estimated at £120,000. It became increasingly apparent that the cash-strapped Borough Council would support only one of these projects.

This would be the signal for an increasingly bitter dispute between Community and Borough councillors and, in the early months of 1992, battle lines were drawn.

The spark came in January of that year when a local councillor, Malcolm Williams, accused Wrexham Council of giving too much money to the Stiwt's restoration appeal. One commentator at the time even suggested the Community Centre had suffered 'wilful neglect' in favour of 'an outdated relic of a bygone era'. The political temperature rose further following an official proposal to transfer community activities to the Stiwt when it re-opened. Critics feared this would render the Community Centre 'redundant' and result in higher rental costs being charged through the Institute's ability to monopolise community provision.

Bu Half Year End yn llwyddiant ysgubol, o safbwynt artistig ac ariannol fel ei gilydd. Cyfeiriodd adolygiadau yn y wasg at 'gampwaith o bwys' ac ar lawer ystyr roedd yn drobwynt yn hanes adfywiad y Stiwt. Roedd y cynhyrchiad, yng ngeiriau'r ymgynghorwr theatr enwog, Martin Carr, wedi 'creu ymdeimlad o fwriad na ellid yn hawdd ei anwybyddu'.

Fodd bynnag, i'r actorion a'r gynulleidfa fel ei gilydd, mae'n rhaid bod y sioe wedi bod yn brofiad chwerw-felys. Ni allai'r llwyddiant theatrig guddio arwyddion amlwg y dadfeilio a fu mewn adeilad a safai mor falch yn y dyddiau gynt. Nid oedd y distiau pwdr a'r pydredd sych a oedd yn ymledu ond yn un rhan o'r broblem, gan fod angen atgyweiriadau helaeth ar bron bob ystafell.

Y Dimensiwn Gwleidyddol

O 1990 ymlaen, fodd bynnag, mae tystiolaeth amlwg fod momentwm y nawdd a gwerth y grantiau'n dechrau cynyddu. Erbyn diwedd y flwyddyn daeth cyfanswm o £105,000 mewn grantiau gan y Swyddfa Gymreig a Chyngor Wrecsam i mewn i goffrau'r Stiwt.

Roedd yr ymateb i'r grantiau sylweddol hyn, serch hynny, yn gymysgedd o optimistiaeth a phwyll. Roedd y problemau atgyweirio'n fwy na'r disgwyl ac roedd yr amcangyfrifon ar gyfer atgyweiriad llawn yn codi bob wythnos. Crëwyd ansicrwydd yn ogystal oherwydd y sefyllfa a wynebai Canolfan Gymunedol Bro Wen. Roedd y ganolfan hon wedi bod yn gartref i lawer o'r adloniant a fyddai'n cael ei lwyfannu gynt yn Stiwt. Ac roedd hefyd wedi bod yn gartref i swyddfa'r Cyngor Bro. Fel y Stiwt, roedd angen adnewyddu'r Ganolfan Gymunedol a byddai'r gwaith atgyweirio a moderneiddio'n costio £120.000. Roedd yn dod yn fwyfwy amlwg na allai'r Cyngor, a oedd yn brin o arian, gynnal dim ond un o'r prosiectau hyn.

Byddai hyn yn asgwrn y gynnen chwerw a chynyddol rhwng cynghorwyr y Gymuned a'r Fwrdeistref ac erbyn misoedd cynnar 1992 roedd y cleddyfau wedi eu tynnu. Daeth y wreichionen a gyneuodd y fflamau ym mis Ionawr pan gyhuddwyd Cyngor Wrecsam gan gynghorydd lleol, Malcolm Williams, o roi gormod o arian i apêl adfer y Stiwt. Awgrymodd un sylwebydd, hyd yn oed, fod y ganolfan gymunedol wedi ei 'hesgeuluso'n fwriadol' er mwyn rhoi sylw i 'hen grair a berthynai i'r oes o'r blaen' Cododd y tymheredd gwleidyddol yn uwch yn dilyn cynnig i drosglwyddo'r gweithgareddau cymunedol i'r Stiwt pan fyddai'n ailagor. Ofnai'r beirniaid y byddai hyn yn gwneud y ganolfan gymunedol yn adeilad nad oedd ei angen mwyach ac y byddai perygl i gostau rhentu ystafell godi oherwydd byddai gan y Stiwt fonopoli o ran darparu ar gyfer anghenion y gymuned.

Bu dadlau ffyrnig yn y wasg leol ynglŷn â pha adeilad oedd y mwyaf teilwng i dderbyn cefnogaeth y Cyngor. Byddai'r sawl a edrychai ar y sefyllfa'n wrthrychol a diduedd yn synnu fod y Ganolfan Gymunedol - adeilad parod, modern a oedd yn darged cyson i fandaliaid - yn medru ennyn y fath deimladau angerddol. Un esboniad posibl yw statws y Stiwt. Roedd natur bywiog yr Apêl wedi cael y lle blaen ym mhapur bro'r pentref, *Nene*, am amser maith ac, fel yn hanes enwogion, roedd rhoi 'r fath sylw hyd at syrffed, yn ei wneud yn ffocws drwgdeimlad i rai.

Yn fwy arwyddocaol, fodd bynnag, roedd yr elfen wleidyddol. Roedd y ffrae gymaint am reolaeth tir ag ydoedd am ddarpariaeth ar gyfer y cyhoedd. Roedd yn amlwg nad oedd

Arguments raged in the local press over which building was more deserving of Council support. The dispassionate observer might be surprised that the Community Centre – a modern, prefabricated structure, frequently targeted by vandals – could arouse such passion. One possible explanation is the Stiwt's celebrity status. The spirited nature of the Appeal had dominated the village newspaper, *Nene*, for some considerable time and, as is the way with celebrity, such saturation coverage acted as a focus of resentment for some.

Of more significance though was the political element. This row was as much about territorial control as it was about public provision. Some Community Councillors were clearly not happy with the role of certain Borough representatives, like Aled Roberts and Stella Matthews, whose membership of the Stiwt's Appeal committee led to thinly veiled accusations of vested interest.

In the midst of this acrimony came Warren Coleman, Leader of Wrexham Council. In February 1992, in a statement to the local press, he laid out the Council's position. Following his reiteration that the Council could not support two community centres in Rhos, he urged the people of the village to decide which one they preferred. Despite this appeal, there is a sense of *fait accompli* here. Coleman was a long-time friend of the Stiwt and had previously promised Nancy Jones the full support of the Council for its restoration. Accordingly, the Community Centre receives little mention in his press announcement whereas the Stiwt is described as being 'too fine a building to be knocked down', having risen 'like a phoenix out of the ashes'.

Although brief, this episode was important as it ensured the Stiwt, and not the Community Centre, would be the future venue for localised activities. The unloved yet politically significant Community Centre would eventually be demolished at the start of the new Millennium. The next phase of the Stiwt's regeneration, and its quest for major restoration funding, could begin in earnest. The phoenix's rise would prove to be unstoppable.

Save the Stiwt: Phase Two

The second phase of the appeal officially began on 4 June 1992. Dignitaries, patrons and other would-be supporters were invited, along with their cheque-books, to a sponsored lunch and exhibition of Stiwt related material at Rhos Library. The host for the day, and Patron of the Appeal, Professor Glyn O. Phillips, invoked the 'spirit of 26' in urging those present to help in any way possible. The Chairman of the Appeal, David Evans, in a speech which began 'We have a dream...', outlined his wish to have the Main Hall open by October 1993. One week later, Evans addressed the Appeal Committee AGM and reported that £120,000 had been spent on the Institute's restoration since 1985. Restoration had been confined mainly to structural repairs although the building was also

rhai o'r Cynghorwyr Cymunedol yn hapus gyda'r modd yr oedd rhai o gynrychiolwyr y Fwrdeistref yn ymddwyn, fel Aled Roberts a Stella Matthews, a oedd yn aelodau o bwyllgor Apêl y Stiwt, ac arweiniodd hyn at gyhuddiadau lled amlwg eu bod yn gweithredu er budd personol.

I ganol berw'r drwgdeimlad hwn daeth Warren Coleman, Arweinydd Cyngor Wrecsam. Yn Chwefror 1992, mewn datganiad yn y wasg leol, eglurodd safbwynt y Cyngor. Ar ôl egluro unwaith eto na allai'r Cyngor gynnal dwy ganolfan gymunedol yn y Rhos, anogodd bobl y pentref i benderfynu pa un oedd orau ganddyn nhw. Ar waethaf ei apêl, mae elfen o *fait accompli* yma. Roedd Coleman yn ffrind oes i'r Stiwt ac roedd eisoes wedi addo i Nancy Jones y ceid cefnogaeth lawn gan y cyngor i'w adfer. Oherwydd hyn, ni chafodd y Ganolfan Gymunedol fawr ddim sylw yn ei ddatganiad i'r wasg ond cyfeirir at y Stiwt fel 'adeilad llawer rhy braf i'w ddymchwel' ar ôl iddo godi, 'fel ffenics allan o'r lludw'.

Er mai byr ei hoedl fu'r digwyddiad hwn, roedd yn gam pwysig am ei fod yn arddel y syniad mai'r Stiwt, ac nid y Ganolfan Gymunedol, fyddai'r lleoliad ar gyfer gweithgareddau lleol. Byddai'r Ganolfan Gymunedol hon, na fu erioed yn annwyl yng ngolwg pobl y Rhos er bod iddi gryn arwyddocâd gwleidyddol, yn cael ei dymchwel ar ddechrau'r Mileniwm newydd. Bellach gallai'r cam nesaf i adnewyddu'r Stiwt a'r chwilio am nawdd sylweddol ar gyfer yr adfer, ddechrau o ddifrif. Nid oedd dim oll bellach a allai atal y ffenics rhag esgyn.

Achub y Stiwt: Cam Dau

Dechreuodd ail gam yr apêl yn swyddogol ar 4 Mehefin 1992. Estynnwyd gwahoddiad i bwysigion, noddwyr a chefnogwyr posibl eraill, ynghyd â'u llyfrau sieciau, i ginio noddedig ac arddangosfa yn Llyfrgell y Rhos a dynnai sylw at bethau a oedd yn gysylltiedig â'r Stiwt. Gwestai'r diwrnod, a Noddwr yr Apêl, oedd yr Athro Glyn O. Phillips a gyfeiriodd at 'ysbryd y 26au' gan annog y rhai a oedd yn bresennol i helpu mewn unrhyw ddull a modd. Mewn araith a agorodd â'r geiriau 'Mae gennym freuddwyd...' amlinellodd Cadeirydd yr Apêl, David Evans, ei ddyhead i weld y Brif Neuadd ar agor erbyn Hydref 1993. Wythnos yn ddiweddarach, roedd Evans yn annerch Cyfarfod Cyffredinol Blynyddol Pwyllgor yr Apêl a dywedodd fod £120,000 wedi cael ei wario ar adfer yr Institiwt oddi ar 1985. Roedd y gwaith adfer wedi ei gyfyngu i atgyweiriadau saernïol er bod yr adeilad yn barod i gael ei ailweirio. Roedd yr holl weithgarwch, hyd yn hyn, wedi ei wneud gan wirfoddolwyr ac roedd eu hymdrechion yn ôl yr amcangyfrifon wedi arbed gwariant o £30,000. Efallai, yn bwysicaf oll, ac yn bendant o safbwynt symbolaidd, roedd y cloc wedi cael ei beintio a'i adfer.

Tŵr y cloc ar ôl iddo gael ei adfer

The Clock Tower following restoration

Roedd aelodau'r cyhoedd a ffrindiau o bell ac agos, yn ogystal, yn barod i ymateb i her Nancy Jones i 'ACHUB Y SIWT'. Erbyn hyn, codwyd £50,000 trwy weu noddedig, teithiau

prepared for re-wiring. Much of the activity up to this point had been carried out by volunteers, whose efforts were reckoned to have saved £30,000. Perhaps most importantly of all, certainly from a symbolic viewpoint, the clock had been painted and restored.

Members of the community and friends from far and wide were also taking up Nancy Jones' challenge to 'SAVE THE STIWT'. Sponsored knits, sponsored walks, coffee mornings, bowling events, and all manner of other fundraising activities had generated around £50,000 by this stage. Apart from the obvious monetary benefit, these activities were crucial in other ways too. It was often necessary to prove community support existed before applying for funding from official bodies, like the Welsh Office. In fact, their earlier pledge of £50,000 came with the proviso that an additional £25,000 needed to be raised locally.

These tireless efforts were soon paying rich dividends. In August 1993, the Heritage Secretary, Peter Brooke, announced that £100,000 had been earmarked for the Stiwt from the Wolfson Trust. This philanthropic organisation had been a major supporter of arts and education since its inception in 1955. The grant, which was to be used exclusively for theatre restoration, saw work on the Stiwt's staging area begin immediately. The joy with which the grant was received was tempered by concern over the time limit imposed by the Trust who demanded that all work was completed by the end of the financial year. This meant the Stiwt had just eight short months to capitalise on the full value of the grant. Luckily, the award came at a time when the Stiwt had engaged TACP Architects, whose main office was in London. By a curious coincidence, this firm was allied to the Stiwt's original architects, John Owen and F.A. Roberts, and this serendipity proved to be a good omen. TACP were able to successfully negotiate an extended deadline for the Stiwt which even the Heritage Department had thought unlikely.

Work continued apace and by the winter of 1993 the Stiwt was again making headlines. CADW inspectors visited Rhos and their report on the architectural significance of the Stiwt was unequivocal in its praise. Describing the building as one of 'special interest', the report highlighted the 'fine main hall' and the contribution made by the Stiwt to 'the Welsh-speaking community' in particular.

This praise in an official report was vital for keeping regeneration momentum going and opening up more diverse funding streams. Perhaps the most impressive award came from the European Architectural Heritage Commission in June 1994. The Stiwt was awarded £53,000 on the basis that its design was 'typical of the eclectic style of the period between the two world wars'. Aled Roberts, upon hearing the news, stated: 'even against other theatre venues and opera houses in Europe the Institute has won through'. He was right; this was a remarkable achievement. The Stiwt was one of only seven venues chosen for funding in the United Kingdom that year, out of a total of 522 applications from all over Europe. Councillor Roberts was keen to stress this latest triumph over adversity, stating that 'for years all the professionals have said we had no hope, but we've shown them'.

cerdded noddedig, boreau coffi, cystadlaethau bowlio a phob math o weithgareddau codi arian eraill. Ar wahân i'r manteision ariannol amlwg, roedd y gweithgareddau hyn yn bwysig mewn ffyrdd eraill hefyd. Yn aml, roedd rhaid profi bod cefnogaeth gymunedol yn bodoli cyn medru gwneud cais am nawdd ariannol gan gyrff swyddogol, fel y Swyddfa Gymreig. Mewn gwirionedd, ynghlwm wrth yr addewid o £50,000 a wnaed yn gynharach oedd yr amod fod rhaid codi £25,000 ychwanegol yn lleol.

Yn fuan iawn roedd yr ymdrechion diflino hyn yn talu ar eu canfed. Yn Awst 1993, cyhoeddodd yr Ysgrifennydd Treftadaeth, Peter Brooke, fod £100,000 o Ymddiriedolaeth Wolfson wedi ei glustnodi ar gyfer y Stiwt. Roedd y sefydliad dyngarol hwn wedi bod yn un o brif noddwyr y Celfyddydau ac Addysg er pan y'i ffurfiwyd ym 1955. Roedd y grant, a oedd i'w ddefnyddio ar gyfer adfer y theatr, yn golygu y gallai gwaith atgyweirio'r llwyfan a'r rhannau o'i gwmpas ddechrau ar unwaith. Ond roedd y llawenydd o dderbyn y grant yn cael ei dymheru rywfaint oherwydd y pryder am y terfynau amser a bennwyd gan yr Ymddiriedolaeth. Roedden nhw'n mynnu fod yn rhaid i'r gwaith gael ei gwblhau cyn diwedd y flwyddyn ariannol. Golygai hyn mai prin wyth mis oedd gan y Stiwt i wneud defnydd llawn o'r grant. Yn ffodus, cyrhaeddodd y nawdd pan oedd y Stiwt wedi cyflogi Cwmni Penseiri *TACP* yr oedd eu prif swyddfa yn Llundain. Trwy ryfedd wyrth, roedd cysylltiad rhwng y cwmni a phenseiri gwreiddiol y Stiwt, John Owen ac F.A.Roberts, ac roedd y cyd-ddigwyddiad hapus hwn yn argoel dda. Llwyddodd *TACP* i ddwyn perswâd ar yr Ymddiriedolaeth i estyn y terfynau amser a osodwyd - cryn gamp gan fod hyd yn oed Adran y Dreftadaeth o'r farn fod hyn yn annhebygol.

Aeth y gwaith rhagddo ar garlam ac erbyn gaeaf 1993 roedd y Stiwt ar y tudalennau blaen. Roedd arolygwyr CADW wedi ymweld â'r Rhos ac nid oedd ball ar eu canmoliaeth i arwyddocâd pensaernïol y Stiwt. Disgrifiwyd yr adeilad ganddynt fel 'un o ddiddordeb arbennig' gan dynnu sylw arbennig at y 'brif neuadd' a'r cyfraniad a wnaeth y Stiwt yn arbennig 'i fywyd yr ardal ac i'r iaith Gymraeg yn y gymuned'.

Roedd canu clodydd yr adeilad mewn adroddiad swyddogol yn hanfodol bwysig i gadw momentwm y gwaith adfer ar fynd, gan ei fod hefyd yn agor ffynonellau nawdd mwy eang. Efallai mai'r nawdd mwyaf trawiadol a gafwyd oedd y cyfraniad gan Gomisiwn Treftadaeth Bensaernïol Ewrop ym Mehefin 1994. Derbyniodd y Stiwt £53,000 ar sail y ffaith fod ei gynllun yn 'nodweddiadol o arddull eclectig y cyfnod rhwng y ddau ryfel'. O glywed y newyddion, dywedodd Aled Roberts 'hyd yn oed wyneb yn wyneb â theatrau a thai opera Ewrop, mae'r Stiwt wedi dod i'r brig'. Roedd yn iawn, roedd hon yn gamp ryfeddol. Roedd y Stiwt yn un o ddim ond saith adeilad yng ngwledydd Prydain i dderbyn grant y flwyddyn honno allan o 522 o geisiadau ledled Ewrop. Roedd y Cynghorydd Roberts yn awyddus i bwysleisio'r fuddugoliaeth hon yn wyneb pob math o anawsterau, gan ddweud 'am flynyddoedd mae'r gwybodusion proffesiynol wedi dweud nad oedd gennym obaith mul, ond rydyn ni wedi dangos iddyn nhw'.

Roedd y fath benderfyniad ffyddiog yn nodweddu'r ymdrech i adnewyddu'r adeilad a throi pob carreg er mwyn denu cefnogaeth, Roedd yn cynnwys sawl cymeradwyaeth gan enwogion fel anwylyn Cymru, Bryn Terfel, yn ogystal ag Ardalydd Môn. Ysgrifennodd Syr Anthony Hopkins i gymeradwyo holl weithgarwch y rhai oedd ynglŷn â'r Stiwt, yn enwedig gwirfoddolwyr y gymuned a oedd 'wedi cyd-dynnu mewn dull rhyfeddol i weithio ar y dasg ddychrynllyd o anodd i adfer adeilad gwych'. Roedd y dasg yn dal i fod yn un enfawr a heriol. Croesawodd David Evans yn gynnes iawn y grant o £80,000 a dderbyniwyd gan Sefydliad Chwaraeon a'r Celfyddydau i adfer yr awditoriwm yng ngwanwyn 1995. Ond, fel yr eglurodd Evans, roedd natur ysbeidiol nawdd o'r fath yn golygu bod rhaid i'r gwaith ddod i ben gyda bod y grantiau'n gorffen.

Such bullish determination pervaded the quest for regeneration and ensured no stone was left unturned in eliciting support. This included celebrity endorsements from the likes of Wales' favourite son, Bryn Terfel, as well as the Marquis of Anglesey. Sir Anthony Hopkins also wrote to commend the activities of all those involved, especially the volunteers from the community who had 'pulled together in a remarkable way to work on the daunting task of restoring this fine building'. And daunting the task remained. A grant of £80,000 from the Foundation of Sports and Arts to restore the auditorium was warmly welcomed by David Evans in the spring of 1995. But, as Evans explained, the intermittent nature of such funding meant that work had to halt when grants ran their course.

By mid-1995, and despite Evans' worries over large-scale funding, all of those involved in the Stiwt's regeneration could look back on their efforts with considerable pride. Many of the building's structural defects had been corrected; the iconic clock had been repaired; a number of rooms had been fully restored; stage repairs had taken place and the foundations for the orchestra pit had been installed. Community events - from the Cheese and Wine evening in the Hafod Room, to the talk by Meri Jones on Stained Glass – continued to raise crucial, if comparatively small sums. Both the '5000 Club' and the Stiwt Charity Shop were going strong, while the Friends of the Stiwt continued to grow, as reflected in the two cash gifts of £4,000 handed over by their Chair, Ceris Jones, in this year alone.

In fact, by June 1995 these local, national and international fundraising efforts had either raised or identified funding worth an astonishing £1,093,180.

Despite these achievements, the total raised was still only one third of that needed for full restoration. This figure, some £3.2 million, bore witness not only to the scale of the task at hand, but also to the extent to which the Stiwt had been allowed to fall into disrepair. The work still left to be completed included two new function rooms, the underpinning of the main building's foundations, and the completion of the hydraulic orchestra pit. In addition, two mine shafts in the car park, the deepest of which extended some 220 feet, required capping. This work still remained to be done after more than ten years of fund-raising, volunteer support and hard physical labour. A less determined community might have been deterred.

In fact, David Evans and the rest of the task force knew that a possible solution was at hand. At the AGM of June 1995, Evans announced his master plan. An application for £1,443,000 had been made to the National Lottery. If successful, this would allow a significant portion of the outstanding work to be completed within a couple of years.

The application was no formality, as to even be considered for funding, 25% of the total sum would have to be match funded from other sources. Evans,

Erbyn canol 1995, ar waethaf pryderon Evans am nawdd sylweddol, gallai pob un a fu'n rhan o'r gwaith adfer fwrw golwg yn ôl ar eu hymdrechion gyda balchder. Roedd llawer o ddiffygion yr adeilad wedi eu datrys, roedd y cloc eiconig wedi cael ei drwsio, roedd nifer o ystafelloedd wedi eu hadfer yn llwyr, roedd gwaith atgyweirio'r llwyfan wedi ei wneud ac roedd seiliau pwll y gerddorfa wedi eu gosod yn eu lle. Roedd gweithgareddau cymunedol - o noson gaws a gwin yn Ystafell yr Hafod, i sgwrs gan Mari Jones ar ffenestri lliw- yn dal i godi'r arian hanfodol er mai symiau bychain oeddynt. Roedd mynd mawr ar y Clwb 5000 a Siop Elusen y Stiwt ac roedd Cyfeillion y Stiwt yn denu mwy o gefnogwyr, fel y tystia dwy rodd ariannol o £4,000 a drosglwyddwyd i gronfa'r Stiwt gan y Cadeirydd, Ceris Jones, swm a gasglwyd mewn blwyddyn yn unig. Mewn gwirionedd, erbyn Mehefin 1995, roedd yr ymdrechion codi arian lleol, cenedlaethol a rhyngwladol hyn naill ai wedi codi neu wedi dod o hyd i nawdd gwerth y swm syfrdanol o £ 1,093,180.

Pwll y Gerddorfa a'r Llwyfan yn cael eu hadeiladu
The Orchestra Pit and Stage under construction

Ar waetha'r cyfan a gyflawnwyd, nid oedd y cyfanswm a godwyd ond traean yr hyn oedd ei angen ar gyfer adnewyddiad llawn. Roedd y cyfanswm hwnnw, tua £3.2 miliwn, yn tystio nid yn unig i anferthedd y dasg yr oedd yn rhaid ei hwynebu ond hefyd i ba raddau yr oedd y Stiwt wedi cael ei adael i ddirywio. Roedd y gwaith a oedd yn aros i'w gwblhau yn cynnwys dwy ystafell weithgareddau, cryfhau sylfeini'r prif adeilad, a chwblhau'r pwll cerddorfa hydrolig. Ar ben hynny, roedd angen capio dwy hen siafft, y ddyfnaf ohonynt yn estyn hyd at 220 o droedfeddi. Roedd yr holl dasgau gwaith hyn yn aros i'w cyflawni ar ôl deng mlynedd o weithgareddau codi arian, cefnogaeth gwirfoddolwyr, a llafur corfforol caled. Byddai cymuned lai penderfynol wedi gwangalonni.

Y balconi'n cael ei adnewyddu ac yn aros am y seddau newydd
The Balcony under repair and awaiting new seating

A dweud y gwir, gwyddai David Evans a gweddill y gweithlu fod ateb posibl wrth law i ddatrys yr holl broblemau hyn. Yn y Cyfarfod Cyffredinol Blynyddol fis Mehefin 1995, datgelodd Evans ei brif gynllun. Roedd cais am £1,443,000 wedi'i wneud i'r Loteri Cenedlaethol. Pe bai'n llwyddiannus, gellid cwblhau rhan sylweddol o'r gwaith a oedd ar ôl ymhen blwyddyn neu ddwy.

though, struck a confident tone, announcing that £320,000 had already been identified since the bid's submission and new schemes were emerging on an almost daily basis. For example, Nancy Jones' innovative idea to offer balcony seats for sponsorship hoped to raise £25,000. Accordingly, for £150 per seat, patrons could have their Stiwt connections immortalised in a commemorative plaque.

The Committee also recognised the danger of their bid being viewed as too parochial. To this end, the involvement of architects TACP as well as the noted theatre critic, Martin Carr, would be particularly important for adding credibility to any bid. Aled Roberts later echoed this importance, stating that the last thing any of the fundraisers wanted was 'to come across as a bunch of village crackpots'.

Within a year of the first lottery application the majority of the conditions for funding had been met. A second application was announced at the AGM of 1996. In an important twist, David Evans had decided to be 'cheeky' and put in a higher bid the second time around. Lottery inspectors had already visited the building to make their assessment and their decision was promised, tantalisingly, within a month.

Winning the Lottery: 'A Godsend'

The decision was announced in July 1996. The Stiwt was to receive £2,237,792 from the National Lottery. This was considerably more than the original application and justification for Evans' gamble.

This enormous sum was not only recognition of the Stiwt's communal importance, it was recognition of the community itself which, as Stella Matthews stated 'has had its bad times and is getting back on its feet'. The local press were exultant about an award for what they called 'the most ambitious restoration project ever undertaken by a voluntary organisation in North Wales'. Aled Roberts recognised that it was 'a tale of ordinary people from all walks of life in the community who have made this work'. The Stiwt would take its place once more as a Welsh cultural centre but, as Roberts was keen to stress, '[it] won't be a highbrow artistic centre; it will cater for everyone in the community'. For Nancy Jones, the stalwart fundraiser and tireless campaigner, the Lottery grant was quite simply a 'Godsend'. In a community where the number of religious buildings bear witness to an enduring faith, it must have seemed to all concerned that some benevolent power was, indeed, smiling down upon their endeavours.

Nid oedd y cais yn fater o ffurf. A bwrw bod y cais yn cael ei ystyried, golygai hynny y byddai'n rhaid codi arian o ffynonellau eraill i dalu am 25% o'r cyfanswm ar delerau punt am bunt. Eto i gyd, trawodd Evans nodyn hyderus, gan gyhoeddi bod £320,000 eisoes wedi'i glustnodi er pan wnaed y cais ac roedd cynlluniau newydd yn dod i'r fei bron yn ddyddiol. Er enghraifft, roedd gobaith y byddai awgrym arloesol Nancy Jones i gynnig seddau'r balconi i noddwyr yn codi £25,000. Felly, am £150 y sedd, gellid anfarwoli cysylltiad y noddwr â'i sedd ar ffurf plac coffa.

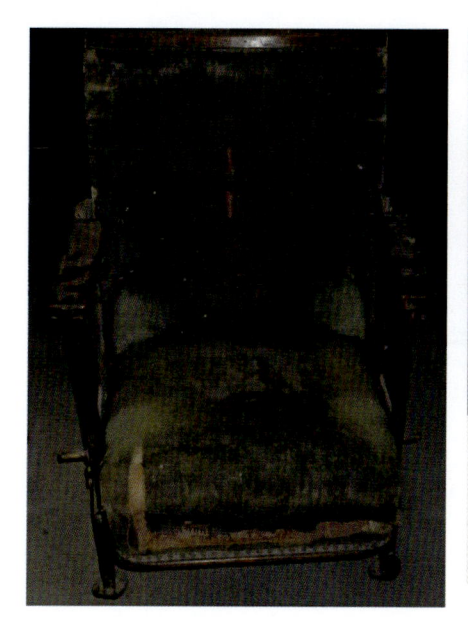

Hen seddau'r balconi cyn yr adnewyddu a'r unig un a oroesodd

The old balcony seats prior to restoration and a lone survivor

Roedd aelodau'r y pwyllgor hefyd yn sylweddoli bod perygl i'w cais gael ei ystyried yn rhy blwyfol. I'r diben hwn, byddai cefnogaeth y penseiri *TACP* yn ogystal â Martin Carr, y beirniad theatr adnabyddus, yn rhoi hygrededd i unrhyw gais. Yn ddiweddarach, pwysleisiodd Aled Roberts pa mor bwysig y bu hyn, gan ychwanegu na fynnai'r rhai oedd yn codi arian gael eu 'hystyried yn glwstwr o ffyliaid pentref, hanner-pan'.

O fewn blwyddyn i'r cais cyntaf i'r loteri gael ei gyflwyno, roedd y rhan fwyaf o broblemau gorfod cwrdd ag amodau'r nawdd wedi eu datrys. Cyhoeddwyd ail gais yng Nghyfarfod Cyffredinol Blynyddol 1996. Mewn tro annisgwyl ond pwysig, roedd David Evans wedi penderfynu bod yn 'wyneb galed' a chyflwyno cais uwch yr eildro. Roedd arolygwyr y Loteri eisoes wedi ymweld â'r adeilad i'w asesu ac addawyd, gan adael pawb ar bigau'r drain, y byddai eu penderfyniad yn cael ei gyhoeddi ymhen y mis.

Ennill y Loteri: Manna o'r Nef

Cyhoeddwyd y penderfyniad fis Gorffennaf 1991. Roedd y Stiwt i dderbyn £2,237,792 gan y Loteri Cenedlaethol. Roedd hwn yn swm llawer mwy na'r hyn y gofynnwyd amdano yn y cais gwreiddiol a chafodd gambl Evans ei gyfiawnhau.

Roedd y swm sylweddol hwn nid yn unig yn cydnabod pwysigrwydd y Stiwt i'r

Celebrating the Lottery windfall, Aled Roberts (left) Nancy Jones, David Evans,
17 July 1996

Dathlu grant annisgwyl y Loteri ar 17 Gorffennaf 1996
Aled Roberts (chwith), Nancy Jones, David Evans

gymuned, roedd yn cydnabod y gymuned ei hunan, fel y dywedodd Stella Matthews 'bu'r gymuned drwy amseroedd caled ond mae hi'n dechrau cael ei thraed dani unwaith eto'.

Roedd y wasg leol yn gorfoleddu ynglŷn â'r nawdd ar gyfer yr hyn a elwid ganddynt 'y gwaith adfer mwyaf uchelgeisiol a ymgymerwyd gan sefydliad gwirfoddol yng Ngogledd Cymru'. Cyfaddefodd Aled Roberts ei fod yn adrodd 'hanes pobl gyffredin o bob gradd yn y gymuned a oedd wedi peri i hyn oll ddigwydd'. Gallai'r Stiwt gymryd ei le unwaith eto fel canolfan ddiwylliannol Cymreig ond, fel yr oedd Roberts yn awyddus i'w bwysleisio, 'ni fydd yn ganolfan gelfyddydol uchel-ael; bydd yn darparu ar gyfer pawb o fewn y gymuned'. I Nancy Jones, yr ymgyrchydd diflino a'r codwr arian diwyro, yn syml ddigon, 'Manna o'r nefoedd' oedd grant y Loteri. I gymdeithas o bobl lle mae nifer o gapeli'n tystio i gadernid eu ffydd, a dweud y gwir, roedd yn ymddangos fel pe bai rhyw rym haelfrydig oddi uchod wedi rhoi sêl ei fendith ar eu hymdrechion.

Epilogue

The Lottery Grant was the end of an era. A new committee, The Stiwt Arts Trust Ltd, was established to oversee the final push for funding. This shortfall amounted to approximately £250,000 which would prove to be well within the grasp of the, by now, expert campaigners: the 'Friends of the Stiwt'.

On 25 September 1999, the Stiwt opened its doors once again, mirroring its original opening exactly 73 years earlier. As this book has demonstrated, much had happened in these intervening years. For every triumph there had been a disaster; every promise of renewal matched with the threat of destruction. Ultimately, however, the Institute's re-opening represented a remarkable victory. In the words of the commemorative plaque to David Evans, which sits in the Stiwt's porch, it really was 'a dream fulfilled'.

Commemorative Plaque to David Evans

Coflech David Evans

Today, the Stiwt continues to live up to the faith invested in it by generations of well-wishers. The fully-refurbished Main Hall continues to provide a platform for both local performers and artistes of world-renown, while the Assembly Rooms play host to choirs and Council officials alike. The more recent purchase of adjoining buildings has allowed for major additions to the Institute, such as an extended stage and dressing room area, further enhancing the Stiwt's reputation as one of the foremost theatres in the region.

While writing this book, it has become clear to us that the Stiwt's importance is not just a matter of bricks and mortar. The near-death of this building reminds us of what can happen when the spirit of a community is overtaken by the apathy so often associated with general economic depression. Happily, the resurrection of the Stiwt demonstrates what is possible when a community recognises the significance of its past and fights to promote a cultural heritage that is as relevant today as it was in 1926.

Epilog

Roedd derbyn Grant y Loteri'n ddiwedd cyfnod. Sefydlwyd pwyllgor newydd, Ymddiriedolaeth Gelfyddydol y Stiwt Cyf, i arolygu'r ymdrech codi arian olaf. Cyfanswm yr hyn oedd angen ei godi oedd tua £250,000, swm na fyddai, erbyn hyn, yn achosi unrhyw drafferth i ymgyrchwyr profiadol: 'Cyfeillion y Stiwt'.

Ar 25 Medi, 1999, agorodd y Stiwt ei ddrysau unwaith eto, gan ail-fyw'r agoriad gwreiddiol union 73 o flynyddoedd ynghynt. Fel y dengys y gyfrol hon, roedd llawer wedi digwydd yn y blynyddoedd oddi ar hynny. Yn gymar i bob buddugoliaeth bu trychineb; ymhob addewid i adnewyddu llechai bygythiad i ddymchwel. Yn y diwedd, fodd bynnag, roedd yr ailagor yn cynrychioli buddugoliaeth. Yng ngeiriau'r goflech i David Evans, a osodwyd ar fur y cyntedd, bu, heb os nac oni bai, yn 'freuddwyd a wireddwyd'.

Heddiw, mae'r Stiwt yn cyfiawnhau ffydd y cenedlaethau o ewyllyswyr da ynddo. Mae'r Brif Neuadd sydd wedi'i hadnewyddu'n llawn yn dal i gynnig llwyfan i berfformwyr lleol ac artistiaid byd-enwog fel ei gilydd, mae'r ystafelloedd Cynnull yn gartref i Gorau a hefyd i swyddogion y Cyngor Bro.

Y penderfyniad diweddaraf fu prynu adeiladau cyfagos a olygai y gellid gwneud ychwanegiadau sylweddol i'r Stiwt, fel creu llwyfan estynedig a helaethu'r ystafelloedd newid, gan roi mwy o fri i enw da'r Stiwt fel un o brif theatrau'r rhanbarth.

Tra buom yn ysgrifennu'r gyfrol hon, daeth yn amlwg inni nad mater o frics a mortar yn unig yw pwysigrwydd y Stiwt. Bu ond y dim i'r adeilad hwn ddiflannu ac mae hyn yn ein hatgoffa beth sy'n medru digwydd pan fo ysbryd cymuned yn cael ei wenwyno gan y difaterwch sy'n digwydd mor aml fel canlyniad i ddirwasgiad economaidd cyffredinol. Er mawr lawenydd, dengys adfywiad y Stiwt yr hyn sy'n bosibl pan fo cymuned yn ymwybodol o arwyddocâd ei gorffennol ac yn penderfynu ymladd i hyrwyddo ei threftadaeth ddiwylliannol sydd mor ystyrlon iddi heddiw ag yr ydoedd ym 1926.

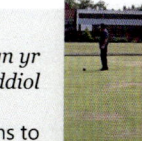

Y Stiwt ar ei newydd wedd yn dilyn yr ychwanegiadau a wnaed i'r adeilad gwreiddiol

The Stiwt takes on a new form with recent additions to the original building

Stained glass window designed by Emyr Prys Jones for the Stiwt's lobby in 1999. The scene depicted is that of the mining community in Rhos and their activities, centered around the Stiwt

Ffenestr liw a luniwyd gan Emyr Prys Jones ar gyfer cyntedd y Stiwt ym 1999. Mae'r olygfa'n darlunio cymuned lofaol y Rhos a gweithgareddau'r bobl a oedd yn gysylltiedig â'r Stiwt

APPENDIX/ATODIAD
Rhos Herald, Saturday 16 July 1932/
Herald y Rhos, Sadwrn 16 Gorffennaf 1932

Ponkey Banks Recreation Scheme

First List of Subscribers

£50.00
From One who loves Rhos and its welfare

£24 1s 3d
Sum Collected at 'Gymanfa Ganu'

£5 5s 0d
Mr & Mrs J.W. Gracie, Oaklands
T.Lloyd-Williams, Esq, JP, Wrexham
Aled Roberts, Esq, MP
Messers Whitley Brothers, Wrexham

£5 0s 0d
Cefn & District Co-Operative Society (also the Equipment of the 1st Bowling Green – est. cost £25)

Mr & Mrs Oswald Hughes, Johnstown
Sir E.Naylor Leyland, Ruthin
I.D. Hooson, Esq, Rhos
Miss Mosley (Devon)

£4 4s 0d
Mr & Mrs Cyril Jones, Wrexham

£3 3s 0d
In Memory of the late Wm Valentine
… Officer of the Salvation Army
Wm Jones, Esq, (Clerk County Council) Ruthin

£2 2s 0d
Mr & Mrs Badwick, Osborne Street
David Bowen, Esq, Rhos
Mr & Mrs Stephen Davies, Stanley Rd
Mr & Mrs D. Edwards, Melbourne House
Coun. Jack Ellis, The Eagles
Zabulon Griffiths, Esq, Ponkey
Mr & Mrs Evan Jenkins, Wrexham
Mr & Mrs Ll. Jones, Midland Bank
H. Wynn Jones, Esq, MA, Johnstown
Rev. & Mrs Wyre Lewis
John Bowen, Esq, School House, Ponkey
Dr. J.C. Davies, Plas-yn-Rhos
Rev. & Mrs Lewis Edwards, Vicarage
Mr & Mrs J.T. Edwards, Brynhyfrydd
Mr & Mrs Tom Griffiths, The Dairy
Miss Allington Hughes, JP, Gresford
Mr & Mrs John Johnson, The Cross
Mr & Mrs T.W. Jones, Clarke St.
Mr & Mrs J.T. Jones, MA, Dolwar
Mr & Mrs A.O. Mills, Osbourne Street

£2
Mr & Mrs Lemuel Miles, Church St.

£1 10s 0d
Mr & Mrs A.R. Davies, Haulfryn, Ponkey
Mr & Mrs Edward Gittings, Aberderfyn
Llew S. Hughes, Esq, Prenton

£1 1s 0d
Mr & Mrs James Barlow, Queen St.
Lemuel Bowen, Esq, Bank Street
Teulu Bryn Cerdd, Rhos
Glyn Davies, Esq, Glasgow House
Mr & Mrs T.J. Davies, Market Street
T.J. Davies, Queen Street
Mrs Mabel Ellis, Eagles Hotel
Mr & Mrs Tom Edwards, Stanley Rd.
George Gage, Esq, Hill Street, Rhos
Mr & Mrs T.Owen Gage, Clarke St.
Mr & Mrs T. Herbert Griffiths, Ponkey
Miss Ceridwen Gruffydd
Mr & Mrs Tom Hughes, Ruthin
Mr & Mrs Ernest Jones, Johnstown
Miss Dora Jones, Hall St.
Miss Elizabeth Jones, Angorfa
Miss Morris Jones, BA, Bank St.
Mr & Mrs W.E. Jones, North Road
Mr & Mrs Harry Mills, Idloes
Mr & Mrs John Owen, Chemist
Mr & Mrs Emyrs Parry, Butcher
Mr & Mrs Dan Roberts, Beech Avenue
Rev. & Mrs Ceiriog Rogers, BA, BD
Iorwerth Roberts, Esq, Glasgow House
Mr John Roberts, Builder
Miss Annis Roberts, Osborne St, Rhos
Miss Bronwen Williams, BA, Ponkey
Mr & Mrs Ffowc Wiliams, MA
Iorwerth Williams, Esq, Chapel St.

Mrs Bates, Berlin House
W.J. Bowyer, Esq, MSc, Ponkey
Mr & Mrs S.J. Clarke, Hyfrydle
Miss Maria Davies, Stanley Road
Mrs J.T. Davies, Bodrhyddan
J.C. Edwards, Esq, Trevor
Mr & Mrs Tom Ellis, South Lane
Mr & Mrs W.J. Edwards, School House
Caswallon Griffiths, Esq, Rhos
Mr & Mrs Emrys Hughes, Princes Road
Trevor Griffiths, Esq, Bryngardden
Mr & Mrs Wm. Hughes, Osborne St.
Mr & Mrs Ben Hough, Rhos
Mr & Mrs D. Jarius Jones
Mr & Mrs Elias Jones, School House
Mr & Mrs James Idwal Jones, Ellis St.
Ted Jones, Esq, Bryngardden
Mr & Mrs Arthur Lewis, The Manse
Miss Neil, Ponkey School
Mr & Mrs Ben Pritchard, Osborne St.
Mr & Mrs Robert Parry, Oak Bank
Mr & Mrs John Roberts, Swan St.
Mr & Mrs Tom Rogers, Clarke St.
Mr & Mrs Harry Rogers, Llwynennion
Miss Nellie Rogers, Bank St. Ponkey
Mr & Mrs Dan Thomas, Duke St.
Edward W. Williams, Esq. 'Ael y Bryn'
Mr & Mrs Grenville Williams, Ponkey
Mr Williams (Manager Messers. Rowlands Chemist)

£1 0s 0d
Messers. Ellis & Williams, Maelor R'ant
Mr & Mrs J.W. Gittins, Aberderfyn

Mr Guy, Pentre Broughton (Also use of car up to the value of £10)

Mr & Mrs G.E. Hughes, Post Office
Mr J.S. Jones
Mr & Mrs J.W. Roberts, Swan St.

Miss Netta Hughes, Pentredwr
Mr & Mrs Price, Aberderfyn
Mr & Mrs John Rogers, Manchester

15/6
Miss Katie Edwards, Stanley Road

10/6

Rev. Raymond Corfield
Mr & Mrs T. Cly[d]esdale, Hill St., Rhos
Rev. S.L. Davies, BA, BD, Ponkey
Mr & Mrs Wm. Davies, Gardden Road
R.W. Gracie, Esq, Rhos
Miss Mattie Griffiths, Rhos
Harold Gittins, Aberderfyn
Miss H.E. Griffiths, The Square
Alfred Jones, Esq, New Inn, Rhos
Mr & Mrs Joseph Lloyd, Aberderfyn
Stanley Morris, Esq, Bank St.
Mr & Mrs Palmer, Station House
Wilfred Phill[i]ps, Esq, Market St., Rhos
Mr & Mrs LLew Roberts, Stanley Rd.
Rev. & Mrs Rhosydd Williams, Rhos
Mr & Mrs Meyrick Charles, Ponkey
R.H. Duce, Esq, Rhos
Mr & Mrs Robert Davies, Aberderfyn
Miss Menna Evans, Aberderfyn
Mr & Mrs George Griffiths, Rhos
Jack Gittins, Esq, Ponkey
Miss Gwyneth Griffiths, The Dairy
Pierce Hughes, Esq, BA, Hall St.
Mr and Mrs Howard Jones, Osborne St.
Rev. & Mrs Giraldus Morris, Hill St.
Rev. & Mrs Mostyn Owen, Rhos
Ald & Mrs Wm Parry, Duke St., Rhos
Mr & Mrs John Roberts, Stanley Road
Dr & Mrs Haydn Williams, Wrexham

10/-

Mr & Mrs Penry Edwards, Johnstown
Mrs Jos. Stephen Jones, Aberderfyn
E & S Thomas, Hanover House, Rhos
M.C. Evans, Esq, Market St., Rhos
Mr & Mrs Llewelyn Parry, Osborne St.

5/-

Mr & Mrs John Davies, Bryn Gardden
Mr & Mrs Stanley Evans, Victoria St.
Mr & Mrs W. Jones, Horse & Jockey
Mr & Mrs Matthew H. Williams, Rhos
Mrs John Davies, Swan Street
Mr & Mrs W. Gittins, Aberderfyn
Mr & Mrs Brinley Richards, Gresford

Miscellaneous sums 9/6

GRAND TOTAL £277 7s 3d

The Management Committee wishes to express its thanks to all those who, in various ways are helping to further the Scheme.
Further subscriptions will be acknowledged in due course.
Arrangements have been made for Collectors to sell round the Parish next week.

(Signed) J.T. EDWARDS

Organiser & Secretary

Bibliography

The majority of the primary source material for this project is housed in the Denbighshire Record Office in Ruthin although other minor deposits also exist in the Flintshire Record Office in Hawarden and the Wrexham Archives and Local Study Centre. We were fortunate enough to benefit from a miscellaneous collection of uncatalogued photographs and correspondence previously held at Rhos Public Library. In addition, a dusty room in the basement of the Stiwt is currently home to a collection of uncatalogued archival materials, mainly relating to the appeal of the 1990s and architectural specifications for later renovations. In due course we hope this material, when properly collated, can be deposited with the principal collection at Ruthin.

Printed material has mainly taken the form of local newspapers. The *Rhos Herald*, a weekly newspaper established in the village in 1894, can be found in microfilm form in the Wrexham Archives and Local Study Centre. This source provides a wealth of detail on all aspects of life in Rhos. *Nene*, Rhos' own Welsh-language newspaper, has been published monthly since its inception in 1978 and its editorials and historical commentaries have proven to be invaluable.

Private collections have also provided much useful source material and we are grateful to the individuals concerned whose names are mentioned in the acknowledgements.

Numerous secondary sources exist that deal with Wales in the twentieth century and those that we have found particularly useful are listed below.

Llyfryddiaeth

Cedwir y rhan fwyaf o'r defnyddiau crai gwreiddiol ar gyfer y prosiect hwn yn Archifdy Sir Ddinbych yn Rhuthun, er bod mân ddefnyddiau eraill ar gael yn Archifdy Sir Fflint ym Mhenarlâg ac yng Nghanolfan Archifau ac Astudiaethau Lleol Wrecsam. Roeddem yn ffodus i elwa o gasgliadau amrywiol o luniau heb eu catalogio a gohebiaeth a gedwid gynt yn Llyfrgell Gyhoeddus y Rhos. Hefyd mae ystafell lychlyd yn seleri'r Stiwt yn gartref, ar hyn o bryd, i gasgliad o ddefnyddiau archifol heb eu catalogio, sy'n ymwneud yn bennaf ag apeliadau'r 1990au a manylion pensaernïol ynglŷn ag atgyweiriadau diweddarach. Maes o law, rydym yn gobeithio y bydd y defnyddiau hyn, wedi iddyn nhw gael eu gosod mewn trefn, yn cael eu cadw gyda'r prif gasgliad yn Rhuthun.

Papurau lleol fu ffynonellau'r defnyddiau printiedig yn bennaf. Mae *Herald y Rhos*, papur wythnosol a sefydlwyd yn y pentref ym 1894, ar gael ar ffurf microffilm yng Nghanolfan Archifau ac Astudiaethau Lleol Wrecsam. Mae'r ffynhonnell hon yn cynnig cyfoeth o fanylion ar bob agwedd o fywyd y Rhos. Cyhoeddwyd *Nene*, papur bro Cymraeg y Rhos, yn fisol ers iddo gael ei sefydlu ym 1978 a bu ei olygyddol a'i sylwadau hanesyddol yn amhrisiadwy.

Cafwyd llawer o ddeunydd crai defnyddiol mewn casgliadau preifat hefyd ac rydym yn ddiolchgar i'r unigolion hynny y gwelir eu henwau yn y cydnabyddiaethau

Mae toreth o ffynonellau eilradd ar gael sy'n ymwneud â Chymru yn yr ugeinfed ganrif a rhestrir isod y rhai a fu'n hynod o ddefnyddiol.

Primary Sources/Ffynonellau Uniongyrchol

Denbighshire Record Office/Archifdy Sir Ddinbych

DD/DM/557/1-5	Minutes of Management Committee meetings, 1926-71
DD/DM/557/7	21st Anniversary Programme of Celebrations, 11 October 1947
DD/DM/557/8	Programme of Ponciau Banks opening celebration, 14 June 1952
DD/DM/557/9	Diaries for booking of Institute, 1955-1967, 1970 (14 vols.)
DD/DM/557/10	Diaries of income from Billiards, Cinema, etc, 1958 – 1968 (9 vols.)
DD/DM/557/11	Balance sheets, 1928 – 1933
DD/DM/557/18	Wages and salaries, 1937 - 1944
DD/DM/557/39-41	Income from Billiards, Cinema etc, 1942 - 1967
DD/DM/557/57-68	General correspondence files, 1954 - 1977
DD/DM/557/69-78	Miscellaneous correspondence files, 1944-1974
DD/DM/557/79-87	Plans and specifications, 1925 - 1975
DD/DM/557/89	Charity commission papers, 1950
DD/DM/557/90	Memorandum relating to the Institute, 1951
DD/DM/557/91	Rules governing the Institute, nd.
DD/DM/557/93	Pioneers of Chess in Rhos, illuminated scroll, 1948
DD/DM/557/94	Billiards cash book, 1951 - 1967
DD/DM/557/96	Booking charges for Rhos choirs, 1961 - 1966
DD/DM/557/97	Assorted publicity material, 1970 - 1976
DD/DM/557/100	Western Electric Co. agreement for Sound Projector System, 1930 - 1966
DD/DM/557/101	Correspondence relating to the 'Palace Theatre', inc. rules and film exhibitions, 1930 - 1969
DD/DM/557/102	Cinema licences, 1942 - 1966
DD/DM/557/103-7	Film booking registers, 1947 - 1962
DD/DM/557/108	Film exhibitor's record and return, 1956 - 1966
DD/DM/557/109-116	Daily return sheet for film attendance, 1957 - 1968
DD/DM/557/118	Correspondence re: The Performing Rights Society, 1961 – 1967
DD/DM/557/119	Film Distributor's reports on film releases, 1963 - 1968
DD/DM/557/121	Site Plan of Ponciau Banks Recreation Park, Sept. 1949
DD/DM/557/125	Site Plan of Ponciau Banks Recreation Park, Jan. 1953
DD/DM/557/141	Subscription list relating to Ponciau Banks Recreation Scheme, 1932 – 1933
DD/DM/557/143	Report and History of Ponciau Banks Recreation Ground, 1953
DD/DM/557/190	Monthly Allocations from Miners' Welfare Fund, 1926
DD/DM/598/1-2	Ponciau Banks correspondence
DD/DM/864	Papers of E.S. Jones, inc. Eisteddfod brochures etc.
DD/DM/1309	Photograph of the New Library, Rhos, 1952
DD/DM/1321/1-18	Ponciau Banks correspondence
NTD/1099	Cinematograph renewal licences

PCD/89/90   Photograph of Public Hall, Rhos

Flintshire Record Office/Archifdy Sir Fflint

D/NM/480   Papers re: Palace Cinema and Ponciau Banks
D/DM/464/79   Original floor plans of the Miners' Institute, 1924

Rhos Public Library/Llyfgell Gyhoeddus y Rhos

21st Anniversary Celebration Booklet (B. Mills & Son, Rhos, 1947)
Assorted tickets for performances at the Miners' Institute, Rhos, 1926 – 1990
Dan Matthews, *Dros Y Gorwel* Poster, 1937
Jones, G., *Half Year End*: Sioe Gymuned/Community Play (full script, unpublished, 1990)
Photograph: Aerial View of Rhos, c. 1930
Photograph Albums relating to Rhos 1990, 3 x vols
Photograph Album relating to renovation of Miners' Institute, Rhos, 1980s & 1990s
Photograph: Architects, Contractors and First Management Committee, 1926
Photograph: Capel Mawr Drama Group, c. 1920
Photograph: Edward VIII visiting the Ponciau Banks, 1934
Photograph: Ernest Bevin planting trees on the Ponciau Banks, 1933
Photographs: Eisteddfod Choir, 1945
Photograph: Lottie Williams-Parry, c. 1940s
Photograph: Miners' Institute Board of Management, 1949
Photograph: Prize Winners at Rhos Library, 1984
Photographs relating to various fundraising activities, c.1980 - 2000
Photographs: Rhos Billiards and Snooker Team, 1930s
Photograph: Rhos Chess Club, 1921 – 1927
Photographs of Rhos Male Voice Choir, 1930s – 1990s
Photograph: Visit of the Wrexham Rotary Club to the Ponciau Banks, 1932
Powell Edwards' Opera Co. Programmes, 1927 & 1928
Programme, Grand Opening Ceremony, 1926
'Proposed Hall and Institute at Rhos', Original Floor Plans, 1924
'Proposed Hall and Institute at Rhos', Original Sections, 1924
Rhos Aelwyd Amateur Operatic Society Programmes, 1950s
Rhos Choral Society Programme, 1946
Rhos Miners' Institute, Membership Card
Rules of Rhos Miners' Institute and Recreation Ground, (Geo. Roberts, Wrexham, nd.)
'Save the Stiwt' appeal literature, 1980s & 1990s
Tender of W.F. Humphreys and Co. for construction of Rhos Miners' Institute, 1925

Newspapers /Papurau Newydd

Daily Mail
Daily Post
Evening Leader
Nene
Rhos Herald
Western Mail
Wrexham Advertiser
Wrexham Leader

Miscellaneous/Amrywiol

Photographs and Programmes of 'Mikado' and 'Pirates of Penzance' (Private Collection)

Photograph: Stiwt Monogram PMR (Private Collection)

Photograph: Stiwt Memorial Plaques (Private Collection)

Photographs: Views of Stiwt and Surrounding area, 2013 (Private Collection)

Photograph: PAX stone plaque, Ponciau (Private Collection)

Photograph: Powell Edwards with Signature (Private Collection)

Programme: Half Year End, 1990 (Private Collection)

Photograph: History of the Stiwt Committee, 2009 (Private Collection)

Photographs: Extension and repair work to the Miners' Institute, Rhos (courtesy of Myrddin Davies)

Photograph: W.F. Humphreys (courtesy of Iola Roberts)

Photograph: The Gilpin Family and Miners with Lifting Gear (courtesy of Len Gilpin)

Photograph: Lottie Williams-Parry (Private Collection)

Secondary Sources /Ffynonellau Eilradd

Books/Llyfrau

Berry, D., <u>Wales and the Cinema: The First Hundred Years</u> (University of Wales Press, Cardiff, 1996)

Bevan, P., <u>A Wrexham Theatre Survey</u> (WMBC, 1982)

Davies, Bryan, M., <u>Cerddi Bryan Martin Davies: Y Casgliad Cyflawn</u> (Cyhoeddiadau Barddas, Llandybïe, 2003)

Dodd, A.H., <u>Life in Wales</u> (Harper Collins, London, 1972)

Dodd, A.H., <u>The Industrial Revolution in North Wales</u> (University of Wales Press, Cardiff, 1933)

Edwards, Ifor & T.W. Pritchard, <u>The Old Parish of Ruabon in Old Picture Postcards</u> (European Library, Netherlands, 1990)

Evans, D.G., <u>A History of Wales, 1906 – 2000</u> (University of Wales Press, Cardiff, 2000)

Gildart, K., <u>North Wales Miners: A Fragile Unity, 1945 – 1996</u> (University of Wales Press, Cardiff, 2001)

Gilpin, D.W., <u>Rhosllanerchrugog, Johnstown, Ponciau, Pen-y-cae: A Collection of Pictures</u> vol. 1 (Bridge Books, Wrexham, 1991)

Gilpin, D.W., <u>Rhosllannerchrugog, Johnstown, Ponciau, Pen-y-cae: A Collection of Pictures</u> vol. 2 (Bridge Books, Wrexham, 1992)

Harrison, E., <u>Office-Holders in Modern Britain: Officials of Royal Commissions of Inquiry 1870-1939</u> (Institute of Historical Research, London, 1995)

Hubbard, E., <u>The Buildings of Wales: Clwyd</u> (Penguin/University of Wales Press, 1986)

Hughes, L., (ed), <u>A Carmarthenshire Anthology</u> (Christopher Davies, Llandybïe, 1984)

Maelor, Arglwydd, <u>Fel Hyn Y Bu</u> (Gwasg Gee, Denbigh, 1970)

Morgan, K.O., <u>Modern Wales: Politics, Places and People</u> (University of Wales Press, Cardiff, 1995)

Palmer, A.N., <u>A History of the Parish of Ruabon</u>

Williams, G., <u>Wrexham and District: Postcards from the Past</u> (Sigma Leisure, Wilmslow, 1999)

Journals/Cyfnodolion

Baggs, C., 'The whole Tragedy of Leisure in Penury The South Wales Miners' Institute Libraries during the Depression', <u>Libraries and the Cultural Record</u>, vol. 39, no. 2 (2004)

Ellis, T., 'Death of a Colliery: Hafod', <u>Denbighshire Historical Society Transactions</u>, vol. 21 (1972)

Francis, Hywel, 'Survey of Miners' Institutes and Welfare Hall Libraries', <u>Llafur</u>, vol. 1, no. 2 (1973)

Francis, Hywel, 'The Origins of the South Wales Miners' Library', <u>History Workshop</u> no. 2 (1976)

Gildart, K., 'Militancy, Moderation and the Struggle against Company Unionism in the North Wales Coalfield, 1926 – 1944', <u>Welsh History Review,</u> vol. 20, no. 3 (2001)

Hogenkamp, B., 'Miners' Cinemas in South Wales in the 1920s & 1930s', Llafur, vol. 4 no. 2 (1985)

Jencks, Clinton, E., 'Social Status of Coal Miners in Britain since Nationalisation', American Journal of Economics and Sociology, vol. 26, issue 3 (July 1967)

Lloyd, H.A., 'Profile of Rhos – the Defiant Bastion of Welshness', London Welshman (Aug., 1961)

Parry, G., 'Rhosllannerchrugog (Denbighshire)' in Parry, G. & Mari A. Williams, The Welsh Language and the 1891 Census (University of Wales Press, Cardiff, 1999)

Ridgwell, S., 'South Wales and the Cinema in the 1930s', Welsh History Review, vol. 17 no. 4 (Dec., 1995)

Williams, D.L., 'A Healthy Place to Be? The Wrexham Coalfield in the Inter-war Period', Llafur, vol. 7, no. 1 (1996)

Unpublished Theses/Traethodau Anghyhoeddedig

Castree, A., 'An Evaluation of the South Wales Miners' Library using Social Audit Techniques' (Unpublished MA thesis, University of Sheffield, 2005)

Websites and Electronic Sources/Gwefannau a Ffynonellau Electronig

Census Returns for 1891 and 1901 courtesy of www.Ancestry.co.uk
www.cadw.wales.co.uk
www.Englishbillirds.org
South Wales Miners' Library Archive courtesy of www.museumwales.ac.uk
Acts of Parliament courtesy of www.nationalarchives.gov.uk
www.service-civil-international.org
www.stiwt.co.uk
www.welshcoalmines.co.uk
www.wolfson.org.uk

Miscellaneous/Amrywiol

Nene Calendars, 1980 – 2013 (Gwasg Carreg Gwalch, Llanrwst & Printcentre Wales)

Author Profiles

Peter Bolton
Peter is a native of North Wales, and has been teaching History at Glyndŵr University for almost a decade. During this time he has delivered lectures on a diverse range of historical subjects, ranging from Roman History right through to Renaissance Studies and Twentieth Century Nationalism in Europe.

Peter Bolton
Mae Peter yn hanu o ogledd Cymru a bu'n darlithio mewn Hanes ym Mhrifysgol Glyndŵr am bron ddeng mlynedd. Yn ystod y cyfnod hwn mae wedi cyflwyno darlithoedd ar ystod eang o feysydd hanesyddol, o hanes Rhufain i astudiaethau ar y Dadeni a chenedlaetholdeb yn Ewrop yn ystod yr ugeinfed ganrif.

Dr Kathryn Ellis
Kathryn was born and brought up in Rhosllanerchrugog, and still lives near the village. She studied History at Aberystwyth, where she completed a doctoral thesis on the political and procedural workings of the House of Commons in the late seventeenth century. She now teaches at Glyndŵr University in Wrexham, and her research focuses on the socio-cultural history of the region.

Dr Kathryn Ellis
Cafodd Kathryn ei geni a'i magu yn Rhosllannerchrugog ac mae'n dal i fyw heb fod nepell o'r pentref. Astudiodd Hanes yn Aberystwyth, lle y cwblhaodd ei thraethawd am radd doethuriaeth ar brosesau gweithredol a gwleidyddol Tŷ'r Cyffredin yn niwedd yr ail ganrif ar bymtheg. Mae hi bellach yn darlithio ym Mhrifysgol Glyndŵr, Wrecsam ac mae ei hymchwil yn canolbwyntio ar hanes cymdeithasol a diwylliannol y rhanbarth.

Gareth Pritchard Hughes (Translator)
Teacher, broadcaster on Radio Cymru, lecturer and tutor. A graduate of Aberystwyth and Liverpool University. He has lived in Rhosllannerchrugog for most of his life and has contributed to a number of literary and educational societies and to the Welsh culture of the area. Since 1978 he has been the co-editor of the local Welsh community paper, *Nene*.

Gareth Pritchard Hughes (Cyfieithydd)
Athro a darlledwr ar Radio Cymru, darlithydd a thiwtor. Derbyniodd raddau o Aberystwyth a Lerpwl. Treuliodd y rhan fwyaf o'i oes yn ardal Rhosllannerchrugog gan gyfrannu i nifer o gymdeithasau llenyddol ac addysgol ac i diwylliant Cymraeg yr ardal. Oddi ar 1978 bu'n gydolygydd y papur bro lleol, *Nene*.

Publisher Information

Rowanvale Books

Rowanvale Books provides publishing services to independent authors, writers and poets all over the globe. We deliver a personal, honest and efficient service that allows authors to see their work published, while remaining in control of the process and retaining their creativity. By making publishing services available to authors in a cost-effective and ethical way, we at Rowanvale Books hope to ensure that the local, national and international community benefits from a steady stream of good quality literature.

For more information about us, our authors or our publications, please get in touch.

www.rowanvalebooks.com
info@rowanvalebooks.com